DAS BESONDERE TASCHENBUCH

HALDOR LAXNESS

KIRCH-SPIEL CHRONIK

WILHELM
HEYNE VERLAG
MÜNCHEN

Genehmigte, ungekürzte Taschenbuchausgabe

Titel des Originals: »Innansveitarkronika«,
ins Deutsche übertragen von Fritz Nothardt
Umschlaggestaltung und Innenausstattung: Christian Diener, München
Printed in Germany 1978
Gesamtherstellung: Ebner, Ulm

ISBN 3-453-43043-3

Inhalt

Egil Skallagrimssons Schädel

Nachdem Islands Nationalheld und größter Skalde Egil Skallagrimsson schon etliche Zeit in seinem Grabhügel im Mosfellsdal in der Nähe der für jedermann offenen Straße an dem Ort geruht hatte, der Tjaldanesi heißt, weil dort die Fahrensleute zelten, kam das Christentum ins Land. An diesem Ort kommen zwei Bäche zusammen und fließen vereint zwischen hohen Steilhängen das Tal hinunter. Die Gebeine des Skalden hat man ausgegraben und vom Grabhügel zur Kirche umgebettet, obwohl der Dichter ein Heide gewesen war.

Diese Kirche war schon sehr früh unter dem Mosfell an dem Ort erbaut worden, der später Hrísbrú genannt wurde, und dort stand sie, bis im 12. Jahrhundert ein Bergrutsch sie mitriß; man verlegte sie dann auf eine Anhöhe weiter östlich am Berg, Mosfellsdal heißt dieser Ort heute. Hrísbrú wurde westlich vom Bergsturz ein Pachthof des Mosfellgebietes. Nachdem die Kirche ihre neue Heimat gefunden hatte, wurden laut schriftlichen Quellen Menschenknochen unter dem Fundament der alten Hrísbrúkirche entdeckt; sie waren viel größer als die Knochen von Menschen gemeinhin sind, und die Leute im Mosfellsdal betteten sie, als man die Kirche verlegte, ebenfalls nach Mosfell um, und alte Männer behaupteten, in ihnen Egil Skallagrimssons Gebeine wiederzuerkennen.

Von der Größe dieser Knochen vermag man sich ein Bild zu machen, wenn man in der Egil Saga liest, daß der Pfarrer, der im 12. Jahrhundert die obenerwähnte Ausgrabung der Gebeine überwachte – sein Name war Skafti Torarinsson –, den Schädel nahm und ihn auf der Kirchhofmauer anbrachte; der Schädel war schon allerhand gewaltig. Aber noch unglaublicher kam einem sein großes Gewicht vor. Der Schädel war nach außen gewölbt, ungefähr wie eine Kammuschel. Da wollte Skafti die Dicke des Schädels genauer untersuchen; er nahm zu diesem Zweck eine große Axt, er holte mit der einen Hand mit aller Macht zum Todesstreich aus und wollte den Schädel zerschmettern, doch da, wo er ihn traf, kam nur etwas Weißes zum Vorschein, der Schädel jedoch bekam, so heißt es wörtlich in der Saga, weder eine Beule noch einen Sprung. Egils Knochen wurden am Rand des Kirchhofes von Mosfell begraben, und kein Mensch hat sie seitdem wieder gesehen, hellseherische Leute haben gesagt, man werde sie nicht eher dort wiederfinden, bevor auf der Idaebene die Asen nach Ragnarok sich versammelten.

Wenn man heutzutage zum Mosfell hinaufschaut, möchte man glauben, die Kirche habe immer schon dort oben gestanden und ihr Turm habe sich schon seit uralten Zeiten gegen den Himmel abgezeichnet. Dem ist jedoch nicht so. Ein ums andere Mal verschwand die Kirche wieder von der Höhe. Wieder und wieder wurde sie gründlich aus den Blättern der Geschichte gestrichen, aus den Gesetzen Gottes und der Menschen getilgt, nicht mehr in Quellen erwähnt, und selbst in den Redensarten der Leute findet sich keine Strophe mehr über sie. Wenn je eine Kirche irgendwann mit einigem Recht hat von sich sagen können: Mein Gott, warum hast du mich verlassen!, so ist es die Mosfellskirche.

Als zu der Zeit, der wir, die jetzt hier ausharren, angehören, die Kirche auf dem Mosfell wieder aufgebaut wurde, waren nicht mehr als knapp achtzig Jahre verflossen seit jenem Tag, da die Kirche von ihrem Platz in der Höhe das letzte Mal verschwunden war, vielleicht hat es noch Leute gegeben, die 1888 in der alten Kirche getauft worden waren, obwohl sich keiner von ihnen gemeldet hat. Seit dem vorletzten Mal, da die Kirche hatte verschwinden müssen, mußten ungefähr 250 Jahre vergehen, bevor an diesem Ort Gottes Wort wieder gehört werden konnte. Im 13. Jahrhundert steht die Kirche noch unverändert an ihrem Platz, wird in Egils Saga berichtet, aber gut hundert Jahre später ist in den Grundbüchern nicht mehr die Rede von ihr. Im Grundbuch von Vilkin kommt schon gegen Ende des 14. Jahrhunderts diese Kirche nicht mehr vor. Nicht viel später gehört Mosfell nicht mehr zum Besitz der Kirche, und der Ort wird in Dokumenten als das Gut einer reichen Frau aus dem Westland namens Ólafar Björnsdóttir genannt.

Als die Kirche in der lutherischen Zeit des 16. Jahrhunderts wieder aufgebaut wurde, hatte jedermann vergessen, wer der Heilige war, dem die Kirche ursprünglich geweiht worden war, und im übrigen hatte man ja die Heiligen überhaupt abgeschafft. Und nicht nur die Heiligen sind verschwunden, sondern mit ihnen auch das Heilige Kreuz; Unsere Liebe Frau ist nicht mehr, sie ist auf ewig verloren mitsamt dem Schädel Egil Skallagrimssons, und niemand trägt mehr Verantwortung, abgesehen vom dänischen König und Luther.

Hier soll nun berichtet werden, wie gegen Ende des 19. Jahrhunderts die Kirche zum drittenmal abgerissen und dem Erdboden gleichgemacht wurde. Es wird nachgewiesen werden, wie von jenen Tagen an, da im Jahre 1774 der dänische König den Befehl gab, sie habe zu verschwinden, sich einflußreiche Wortführer zusammenfanden und darauf hinarbeiteten, daß die Kirche wieder abgebrochen werde; und doch verflossen noch zwölf Jahrzehnte, ehe diesem Befehl Folge geleistet wurde. Während nahezu vier Generationen spannten sich in dieser Sache bedeutsame Klüngel vor dieses Waagscheit, als da sind die Regierung von Dänemark, dann auch immer wieder das Alting der Isländer, eine Kirchenbehörde nach der andern, Bischöfe und Pröpste samt den niedrigen Kirchspielbehörden und schließlich auch Bauern aus dem Kirchspiel und rechtschaffene Hausfrauen und wakkere Männer, die lange Zeit diese Kirche regelmäßig besucht hatten, bis am Ende niemand anders mehr für den Schutz dieser Kirche da war als ein alter Bauer auf Hrísbrú namens Ólaf Magnússon und ein einfältiges Mädchen, das Dienstmädchen beim Pfarrer vom Mosfell war; Gudrun Jónsdóttir hieß sie. Damit war es denn auch um diese arme Kirche geschehen. Wenn man nun heute hier doch eine Kirche sieht, dann sind viele der Meinung, Gottes Weisheit und Langmut hätte trotz allem im Mosfellsdal in dieser Sache einen gewissen Sieg errungen, wenn auch reichlich spät, und daß es der Welt wohl anstünde, davon Notiz zu nehmen, selbst wenn es für Andersdenkende auch das eine oder andere geben mag, was für ihren Standpunkt spricht.

Häßliches Land, Entwicklung unbekannt

Die Anhöhe südlich von Mosfell, auf der die Kirche ihren Platz hat, erhält mehr Sonne als andere Höhen. Obendrein liegt zur Zeit der Wintersonnenwende sogar immer wieder einmal eine Zeitlang ein richtiger Sonnenklecks auf der Anhöhe. Die Anteilshöfe, wie sie früher hießen, die dem Mosfell gegenüber auf der anderen Seite des Tales liegen, haben den Schatten der Bergkämme, auf deren Nordseite sie einst gebaut wurden.

Die Bewohner der südlichen Gebirgsseite neigen gewöhnlich etwas zur Ausgelassenheit und zum Übermut. Mißmutig wird man ja gern da, wo man zehn bis achtzehn Wochen lang im Jahr die Sonne überhaupt nicht zu sehen kriegt. In einem solchen Schatten lagen die Anteilshöfe, drei an der Zahl, und in unseren Tagen hat man dort ein Sanatorium für elternlose Kinder und für abgearbeitete Mütter erstellt. Obwohl es immer dort, wo die ärmsten Leute des Tales leben, auf den Anteilshöfen nämlich, an Licht fehlte, lagen sie in einer Landschaft mit Erdwärme, und die Wärmemenge, die von den Quellen der Anteilshöfe kam, wird heute mit einer Zahl angegeben, die einen an die Berechnungen der Lichtjahre im Weltraum denken läßt. In jenen Tagen fehlte es den Menschen in diesem Tal an fast allem, was man heute für ein menschenwürdiges Dasein für nötig erachtet, abgesehen von den hunderttausendmillionen Tonnen siedendheißen Wassers. Viele hunderttausend Jahre lang floß dieses Wasser, wertvoller als alle Kohlenminen zusammen, in reißenden Strömen ins Meer hinab. Das Nutzrecht an dieser ungeheuren Wärmemenge hatte die Mosfellskirche, und die

Madame auf dem Mosfell ließ im heißen Sand ihr Brot backen. Ein zerbrochener, miserabler Spaten, den man für das Eingraben des Teiges und das Ausgraben des fertig gebackenen Brotes benützte, steckte noch jahrhundertelang im Sand. Bei Windstille stieg aus den Quellen der Dampf auf und legte sich wie der Nebel, den abends die Hasen brauen, über das Kirchenmoor, das flache, sumpfige Land im Talgrund. Von der Mosfellshöhe aus konnte man erkennen, wie in Reykjavík die Lichter von Jahr zu Jahr zahlreicher wurden, verglichen mit jenen Tagen, da manche arme Leute infolge der dänischen Monopolsteuer im matten Schein der Tranlampen des 18. Jahrhunderts sitzen mußten, bis nun heute Islands Hauptstadt mit ihrer Lichterpracht über das Meer hinausstrahlt, und zwar mit einer Lichtmenge pro Kopf, die alles übertrifft, dessen man sich in dieser Hinsicht in anderen Hauptstädten erfreuen kann. Diese Stadt voller Lichterglanz wird jetzt mit dem Quellwasser der armen Bauern der Anteilshöfe erwärmt und hat jetzt mehr Badewasser pro Einwohner als irgendeine andere Stadt in der Welt, ausgenommen die Hauptstadt von Kamtschatka.

Östlich vom Mosfellsdal wohnen keine Menschen, und die Kirche besitzt dort Heideland, unbebaute Areale und Berge, die sich weiter bis ins öde Innere des Landes hinziehen. Begibt man sich von Mosfell geradewegs nach Osten, dann trifft man bis zum Seydisfjord auf keine menschliche Siedlung mehr.

Zweifellos ist in diesem Tal vorzeiten zur Freude der Schutzgeister des Landes von jedem Grashalm Butter und Honig getropft, genauso wie in anderen Tälern Islands, ehe Menschen ins Land kamen. Jahrhundertelang wurde hier im Tal Korn angebaut. Der Bauer auf Laxnes zuinnerst im Tal war im 14. Jahrhundert verpflichtet, zwei Tonnen Bier zu entrichten und sie zum Tingplatz zu transportieren, damit der Statthalter von Bessastöd während des Altings etwas zu trinken hatte. Da es jahrhundertelang ununterbrochen um den Pflanzenstand miserabel bestellt war und man auch nichts anbaute, hörte im 15. Jahrhundert das Bierbrauen auf Laxnes auf, und an diesem Kurs hielt man sich fest bis herein in die Zeit der Menschen von heute, in der man dann den Boden in einen Rasen verwandelte, um die Rasenstücke nach Reykjavík hinunter zu verkaufen.

Gegen Ende des Mittelalters, als das Land bis hinab zu den Wurzeln zugrunde gerichtet und mit allen verfügbaren Vernichtungsmethoden verdorben worden war, so wie es heutzutage in Vietnam geschah, und das ganze Kirchspiel wie vom Sturm weggefegt worden war, fingen die Leute aufs neue an, so zu leben, wie einst Robinson Crusoe lebte. Sie begnügten sich damit, aufs Meer hinaus zu rudern und ›diese verfluchten VIER‹ zu fischen, anstatt Korn anzubauen und Bier zu brauen. So lebten sie jahrhundertelang dumpf dahin und vergaßen obendrein noch siebenhundert Jahre lang, ein Bad zu nehmen, obwohl sie mehr warmes Wasser hatten als irgendein Volk in der Welt. In der Tat, keinen Ausweg gab es in einem solchen Tal, weder einen nach vorn noch einen zurück. Die Entwicklungslehre war noch nicht geboren, und man hielt es für das beste, sich in seinen Grenzen zu halten und es allerhöchstens den Großvätern gleichzutun.

Der Pfarrer vom Mosfell war automatisch der führende Kopf des Tales, gleichgültig, ob man ihn mochte oder nicht; in gewissem Sinn stand er außerhalb der menschlichen Gesellschaft, da er seinen Lohn von den Behörden bezog. In alten Zeiten war es den Leuten angeboren, Gelehrsamkeit hochzuschätzen, weil man im Altertum reich gewesen war und Bücher geschrieben hatte; aber selbst wenn nun die Volksmoral aller Bücherweisheit feindlich gegenüberstand, lernten die meisten doch auf irgendeine Art und Weise lesen. In der Mosfellskirche jedoch wurde fernerhin kein Gottesdienst in lateinischer Sprache mehr abgehalten. Inzwischen war Latein, wenngleich der Pfarrer behauptete, er sei seiner noch mächtig, zu einer Art Zauberspuk geworden, der aber alle Macht verloren hatte. Damals hatte man noch keine Ideen und keine Ideale erfunden; diese Wörter gab es nicht. Auch Naturschönheit war unbekannt; niemand hätte damals dieses Wort verstanden, selbst wenn es existiert hätte, was übrigens nicht der Fall war. Es waren dies die Jahrhunderte, da man den Bolandsgipfel für häßlich hielt und man von so einem widerlichen Wort wie dem Schnakensee glaubte, er sei nur deshalb entstanden, weil der Teufel hier gegen die Sonne gepißt habe, und es war die Zeit, da in Gullfoss noch Gespenster heraufbeschworen wurden. Niemals ist es einem Menschen im Mosfellsdal eingefallen, für irgend jemand in irgendeiner Sache Bahnbrecher zu sein, sei es im Guten oder im Bösen. Kein Mensch, der in diesem Tal geboren und aufgewachsen war, kam je in den Kirchspielrat, soweit Andreas auf Hrísbrú, der heute noch am Leben ist, zurückdenken kann. Die Höfe waren aus Torf; wenn es hoch kam, hatten einige wenige ein ungeheiztes Gästehaus, in dem man die Gäste so lange sitzen ließ, bis sie sich erkältet hatten. Überall schlief man in den Badestuben, oft auch auf Bänken aus Torf. Von diesen Menschen konnte man sagen, daß sie mit ihren schlichten Kleidern zufrieden waren und daß ihnen ihr einfaches Essen schmeckte; und obwohl sie von anderen Kirchspielen herüber die Hähne krähen und die Hunde bellen hörten, bekamen sie nie Lust, dorthin zu gehen, wie es im Tao geschrieben steht.

Wenn man von der Hauptstadt sprach, so nannte man nicht ihren Namen, sondern sagte von ihr nur ›im Süden‹, und eine Reise dahin zu machen, hieß einfach ›gen Süden reisen‹, obwohl die Hauptstadt von diesem Kirchspiel aus im Westen liegt. Bis vor kurzem führte die Durchgangsstraße in Richtung Borgarfjord und von da weiter nach dem Nordland auf der Nordseite durch das Tal. Auf ihr zogen im Frühjahr und Herbst Männer mit Packpferden ihres Weges, manche aus fernen Gegenden, wo man große Höfe und viel Geld hat und wo man sich's leisten konnte, ›gen Süden zu reisen‹, um dort gegen bares Geld und zu günstigen Preisen Waren einzukaufen, die man dann auf viele Packpferde verlud. Diese Karawanen brachten immer einen Hauch mit sich ins Tal, der wie aus andern Welten zu kommen schien. Und Karawanen aus fernen Kirchspielen zottelten auch weiterhin durchs Tal. Im Sommer saßen zuweilen die Mosdalbewohner auf ihrem Hofplatz und brachten ihr Tauwerk in Ordnung; dann entblößten sie vor den Leuten, die von weit her kamen, das Haupt und grüßten sie. Einmal ritt Jónas Hallgrímsson vorbei und dichtete:

Der Bauer vor dem Hoftor sitzt
und Taue bindet und Knoten knüpft.
Da der Heuet vorbei
und der Schober voll Heu,
will die Frau mit Fremden anbandeln,
um Heu gegen Kopftücher zu verhandeln.

Gewiß haben die meisten Frauen im Mosfellsdal ein seidenes Kopftuch besessen, auf jeden Fall hatte jene Frau im Kirchspiel eines, von der ich am allerwenigsten vermutet hätte, daß sie ein Seidentuch besitzt. Von ihr wird später noch die Rede sein. Im übrigen erzählen alte Leute des Kirchspiels, daß es bei ihnen nichts Außergewöhnliches war, wenn Bauern, nachdem sie so viel Heu eingebracht hatten, wie ein Pferd tragen konnte, mit ihrem Heu ›gen Süden reisten‹, um es dort für Branntwein zu verkaufen. Abends reisten sie dann ›von Süden‹ wieder heimwärts, rittlings im Packsattel sitzend, und sprachen ihrer Schnapsflasche zu. Manchmal regnete es auf dieser Reise, und sie fielen vom Pferd und in den Kortústadbach; jedenfalls erwachten sie oft in einer grünen Kuhle an der Furt durch den Bach. Wenn sie dann aufwachten, war ihre Kehle trocken und die Flasche leer, und der Gaul war verschwunden, manchmal auch der Hund. Dann nahmen sie einen Schluck aus dem Bach und machten sich zu Fuß durchs Tal auf den Heimweg. Kamen sie dann auf ihrem Hofplatz an, wurden sie dort von Pferd und Hund und Frau empfangen. Zu meiner Zeit jedoch ließen sie sich nie dazu herab, den Rasen ihres Grundstücks zu verkaufen. Was die Kopftücher für die Frau betrifft; so liegen darüber keine Angaben vor.

Noch nicht einmal ein armseliger Engel; Verkehr kommt auf

Es war einmal ein Mann, der hieß Ólaf Magnússon und kam aus dem Geschlecht der Guldrepper. Er war ein Bauer auf Hrísbrú. Wie bereits erwähnt wurde, lag zwischen dem Mosfell- und dem Hrísbrúhof nur ein Bergrutsch. Von Hrísbrú kann man das Bellen der Hunde und das Krähen der Hähne und auch das Glockengeläute der Mosfellskirche deutlicher als von anderen Höfen hören, deshalb mußte man auf den Bauern Ólaf auf Hrísbrú auch nie lange warten, wenn die Glocken von Mosfell herüber läuteten. Zum Kirchgang zog er immer seine Staatskleidung an, eine kurze, ziemlich weite Lodenjacke ohne Aufschlag und zugeknöpft bis zum Hals, mit selbstgemachten Beinknöpfen, und Latzhose wie Napoleon der Große. Er hatte dünne Kotelettbärtchen, die zu der Maske gehörten, die die Mannsleute am Anfang des letzten Jahrhunderts anlegen mußten. Wenn er mit jemandem sprach, konnte er zuweilen etwas abgefeimt sein; das führte jedoch selten zu Streit, abgesehen davon, daß er die ganze Zeit mit den Mosfellspfarrern ein Hühnchen zu rupfen hatte, weil das Vieh der Pfarrer auf seinen Besitz eindrang und er sich auch noch anderen Übergriffen von seiten dieser Herren ausgesetzt sah, diese jedoch auch Belästigungen von seiner Seite zu ertragen hatten. Er überlebte etliche dieser Pfarrer, und obwohl diese unter sich ganz verschieden waren, machte er keinen Unterschied zwischen ihnen, sondern sprach von jedem so, als handle es sich nur um eine besondere Art von ihnen. In der Mehrzahl jedoch gebrauchte er immer die gleiche Titulatur: diese Satane! Nie zäunte Ólaf auf Hrísbrú sein Grundstück ein, hatte dafür aber immer gleich seinen Hund und die Pferdepeitsche zur Hand, besonders wenn es sich um die Tiere des Pfarrers handelte. Wenn Ólaf draußen am Abhang hinter der Landstraße irgend etwas Lebendiges eräugte, kam ihm sofort der Verdacht, es sei der Pfarrer, der wieder einmal das Vieh auf sein Land treibe, und sofort war er zur Stelle. Auf fremde Schafe, die sich leicht auf das Hrísbrúgrundstück verirren konnten, hetzte er seine Hunde, und es kam vor, daß diese die ganze Herde ins Gebirge hinauf verfolgten, wo sie keinen Grashalm mehr fanden und wo sie sich in einem Haufen zusammendrängten. Beim Knall seiner Peitsche scheuten die Pferde und setzen über alles hinweg, was ihnen im Weg stand, und nicht selten flüchteten bei einem solchen Radau Kühe in den Morast hinaus. Pfarrer Stephensen wies einmal den Bauer Ólaf energisch zurecht und forderte die Leute von der Kanzel herab auf, doch gute Nachbarschaft zu üben und ihre Grundstücke einzuzäunen, denn Zäune seien der Friede des Nachbarn. Als die Leute nach der Messe am Pfarrer vorbeidefilierten und sich bei ihm für die Predigt bedankten, sagte Ólaf auf Hrísbrú: »Es fehlt nur noch, daß ihr Satane eure Schindmähren mein Land abknabbern laßt; wer aber hat schon jemals gehört, daß ihr den Leuten nur auch einen einzigen armseligen Engel, der sich in der Gegend herumtreibt, gezeigt hättet.«

Es ist jetzt lange her, seitdem man die Landstraße gen Süden über Túngumela und den Hrísbrúmorast sperrte. Dieser Weg führte einmal hinter dem Haus auf dem Mosfell vorbei und über Hestbrekkur hinauf nach Skeggjastöd, von wo er dann nach Norden drehte, an der Einzäunung Skeggjastöds entlang und weiter über den Leirvogbach. Manchmal übernachtete man in Tveraurkoti an der Landstraße, kurz vor Svínaskardï; am anderen Morgen passierte man dann Skardid und zog quer über Kjós nach dem Borgarfjord und von da geradeaus weiter nach dem Nordland.

Sieben zusammengebaute Häuser aus Torf standen auf Hrísbrú, die Giebel auf der Seite zum Hofplatz, aber nur das Eingangshaus hatte einen Giebel, der ganz aus Balkenwerk war. Der Häuserreihe entlang gab es einen Steinplattenbelag, zwar ein wenig schmal, aber doch war jedermann, der auf den Platten stand, in Sicherheit.

Nur selten kam es vor, daß, wenn Leute an Hrísbrú vorbeikamen, keine Hrísbrúmänner im Freien zu sehen waren, sondern je nachdem, bald einer, bald mehrere. Oft stand der Bauer Ólaf selbst unter der offenen Tür des Vorratshauses; manchmal konnte er an einem Socken stricken oder Blauholz für Rechenzähne mit seinem Taschenmesser schnitzen und die Späne in die Tasche stekken oder sie auffuttern.

»Wer ist da?« fragte er, ohne den Kopf zu heben, wenn er jemand durch den Straßenmatsch stapfen hörte, der bis an den Plattenbelag heranreichte.

Wenn jemand »wer da?« fragte, pflegten die Fahrensleute nach Brauch und Sitte des Landes zu antworten: »Fremde Knechte.« Oft geschah es jedoch, daß Leute am Steinbelag im Morast stehen blieben und sich von da aus auf eine Unterhaltung mit dem Alten einließen. Dann traten seine Söhne heran, vollbärtig und von ihren Zeitgenossen Karl Marx und Bukanin nicht zu unterscheiden. Auch einen Schwiegervater gab es im Haus, denn es waren ja auch Töchter da, wenn sie auch unsichtbar blieben. Der Schwiegervater war ein geachteter und kluger Mann von der Südküste und berichtete ab und zu von wunderwirkenden Mistkuren oder Torfkuren, die sie da unten im Süden gemacht hatten, und solche Heilmethoden wären immer dann besonders nötig, wenn an der Universität ausgebildete Ärzte, Schüler der Ärzteschulen oder Hebammen nicht mehr weiter wüßten. Dieser Schwiegervater selbst war jedoch der reinlichste von allen Menschen und glich im Aussehen dem berühmten Pfarrer und Dichter Grundtvig in Dänemark, mit seinem weißen Bart unterm Kinn bis auf die Brust hinab und um die Backen, aber mit glattrasiertem Gesicht und einem ehrwürdigen weißen Pagenkopf. Ich erwähne berühmte Männer jener Periode nur, damit der Leser jeden einzelnen von ihnen in seiner Weltgeschichte nachschlagen und sehen kann, was der Betreffende, den ich jedesmal meine, für einer ist.

Die Hrísbrúleute waren im Umgang ganz angenehm, ausgenommen der alte Ólaf, wenn er über den Pfarrer schimpfte; sie zeigten aber keinen besonderen Drang danach, andere Leute aus dem Dreck vor dem Plattenbelag herauszuholen oder sie gar einzuladen, ins Haus hereinzukommen. Sie wollten Neuigkeiten über Schafe aus allen Gegenden des Landes hören, denn alles drehte sich im Lande damals, wie auch heute noch, um Schafe. Wenn man zum Beispiel vom Wetter sprach, war der einzige Gesichtspunkt, den man gelten ließ, wie es den Schafen bekam. Gutes Wetter war ein Wetter, das für die Schafe gut war. Ein gutes Jahr war ein Jahr, in dem genug Gras für die Schafe wuchs. Eine schöne Landschaft bedeutet in Island eine Landschaft, wo es gute Schafweiden gibt. Das

Auskommen der Menschen und ihre Lebensanschauung wurden ganz von diesen Tieren bestimmt. Die Hrísbrúleute hörten sich Neuigkeiten über Schafe aus allen Gegenden des Landes an, und sie selbst erzählten Geschichten, wie man im Mosfellskirchspiel mit diesen Tieren zurechtkam. Sie konnten sich noch genau daran erinnern, wie während der letzten dreißig Jahre die Witterung für die Schafe gewesen war. Niemals trugen diese Männer Mäntel, doch ihre Wollwesten und Strickjacken waren wind- und wasserdicht, so wie die Wolle eines isländischen Schafes. Alles war selbstgemacht und in den natürlichen Wollefarben, meist hellbraun.

Fahrensleute, die von weit her kamen, hielten den Hrísbrúmorast für den ungangbarsten Ort auf dem ganzen Weg nach Norden. Sicherlich war das Eingangshaus in alten Zeiten über einem Stück Sumpf erbaut worden, aber nie hatte man den Sumpf dräniert; möglicherweise kam das daher, daß ein heiliger Schutzgeist in diesem Sumpfland gewohnt hatte. Nachdem vor tausend Jahren Menschen ihr Heim an diesem Ort erbaut hatten, hatte sich die Nässe des Hofplatzes mit all den Stoffen vermischt, die es überall da gibt, wo Menschen und Haustiere zusammen leben. Eine Miste, die in alten Tagen vor der Tür des Kuhstalls in der Häuserreihe am weitesten östlich angelegt worden war, vermischte noch immer ihre flüssigen Bestandteile mit dem Rest des Morastes auf dem Hofplatz, ohne daß man eine erkennbare Grenze dazwischen gezogen hätte. Jetzt kann sich niemand mehr an den alten Giebelhof erinnern, und statt seiner haben Menschen und Tiere moderne Häuser bekommen mit Kühlschränken, Melkmaschinen und Badewannen; motorgetriebene Fahrzeuge stehen auf dem mit Kies beworfenen Parkplatz vor der Eingangstür. Kein Mensch hat mehr von dem alten Morast sprechen hören; nie mehr sah man einen Bärtigen auf dem Hofplatz.

Man war der Meinung, niemand anders könne mit einer solchen Virtuosität Heu vom Schober herunterholen wie Bogi auf Hrísbrú. Im Winter war er die meiste Zeit des Tages damit beschäftigt, sein Heu auf der senkrechten Seite des Heustapels glatt zu kriegen. Er glich jede Ecke aus, so daß es nirgends mehr eine Kante gab. Oft begann er den Schober von unten her abzubauen, damit auf dem Boden das Heu nicht verschimmelte, und gegen Ende des Winters hatte dann sein Schober eine Form angenommen ähnlich der einer Schale auf wackeligem Fuß und schließlich der eines Branntweinglases auf einem Stiel; aber nie wurde dadurch die Tragfähigkeit des Schobers beeinträchtigt. Gewöhnlich traf man Bogi dabei an, wie er den Schober sorgfältig abtastete, so wie man sich über die Backen streicht, um festzustellen, ob man gut genug rasiert ist. Viele Leute kamen, um dieses Kunstwerk zu besichtigen.

Dieser Bogi hatte für alle Menschen ein heiteres Gemüt, und er verunglimpfte, soweit man wußte, niemals weder einen Menschen noch ein Tier. Er hatte ziemlich schwache Augen, und man sagte von ihm, er habe ein Arbeits-, aber kein Lesegesicht, er könne Leute nicht voneinander unterscheiden und spreche deshalb mit allen gleich; besonders schwer fiele es ihm, junge Menschen voneinander zu unterscheiden. Aber ganz gleich, mit wem er auch sprach, er ließ sich nie auf Gespräche über etwas anderes ein als über das, worüber er wirklich Bescheid wußte.

In Andrés sah man den Wortführer der Hrísbrúleute,

und er wußtc auch vortrefflich Rede und Antwort zu stehen, sowohl auf dem Hofplatz als auch andernorts. Im übrigen war er, wie bereits erwähnt, der erste eingcborene Mosdalbewohner, der Mitglied des Kirchspielrates im Bezirksamt wurde. Außerdem besaß er auch Bücher, und als er sechzig Jahre alt wurde, bekam er noch eine Anzahl dazu. Er zog öfters das Werk ›Männer und Kultur‹ von Paul Eggert Ólason hervor, das er vom Kirchspiel als Geburtstagsgeschenk erhalten hatte, und ließ die Leute das Buch auf der Hand wiegen und seine Schwere spüren. Viele gönnten es ihm nicht, daß er im Kirchspielrat saß. Er kaufte sich einen Mantel, der bis zu den Knöcheln reichte, um ihn bei den Sitzungen des Kirchspielrates zu tragen. Nachdem er etliche Jahre in diesem Rat gesessen hatte, sagte er jedoch: »Der Kirchspielrat ist kein Vergnügen, mindestens nicht mehr, seitdem im Bezirk sowohl Verkehr als auch Konkurrenz sich mehr und mehr bemerkbar machen.«

Die Seele und das Bettlägrigsein

Es ist gesagt worden, daß es auf diesem Hof an der Landstraße, wo es nicht üblich war, Gäste einzuladen, und wo bärtige Helden auf dem Hof Wache hielten und sich den Teufel um Gäste und Fahrensleute kümmerten, doch eine einzige Seele gegeben habe, die hinter dem meisten, was vor sich ging, stand. Es war die Frau des Hrísbrúbauern Ólaf. Niemand kannte sie, vorbeikommende Reisende hatten sie nie gesehen; manche glaubten daraus schließen zu können, eine solche Frau existiere überhaupt nicht. Eine ganze Reihe von Männern aus dem Kirchspiel selbst hatten indessen in früheren Jahren beobachten können, wie sie im Haus umherging, ruhig sprach und geschäftig alles in Ordnung hielt, wie sie aber dennoch nur eine Art Gast in ihrem eigenen Haus zu sein schien. Außerdem stammte sie noch dazu aus dem Norden des Landes; der Nationaldichter von Baesá, der Milton und Klopstock übersetzte, soll der Bruder ihrer Großmutter gewesen sein. Was war es gewesen, das diese Frau aus dem Norden hierherbrachte, um Ólaf auf Hrísbrú zu heiraten? Darüber ist nirgendwo etwas berichtet. Einige wenige konnten sich noch daran erinnern, die Frau gesehen zu haben, wie sie vor Weihnachten den blankgestampften Lehmboden auf Hrísbrú mit einem Schwanenflügel fegte. Vielleicht war der Sumpf unter dem Eingangshaus, dessen Tiefe niemand kannte, mitsamt dem Morast vor dem Hofplatz zu viel für sie gewesen und hatte sie überwältigt. Eines schönen Tages, ungefähr zu der Zeit, da ihre Kinder auf eigenen Füßen stehen konnten, zog sie sich in das Dasein einer dauernd Bettlägerigen zurück, das in isländischer Sprache ›Kör‹ heißt, und stand nicht mehr auf. ›Kör‹ ist in Island eine der bedeutendsten Gesellschaftsinstitutionen während seiner ganzen Geschichte gewesen. Man erzählte sich, die Frau sei nun schon achtzehn Jahre lang kränklich und schwach in ihrem Bett gelegen. Am Kopfende dieses Bettes, so sagte man, habe sie den Strumpf versteckt, der das Vermögen des Hauses enthielt, und in einer schmalen, aber ziemlich hohen Kiste habe sie das Pfund Zucker aufbewahrt, das in jedem isländischen Haushalt vorhanden sein muß. Von ihren Kindern, den bärtigen Kämpen, wird behauptet, daß sie immer nur mit gedämpfter

Stimme mit ihr sprachen. Sie hieß Finnbjörg, was im Volksmund und in alten Urkunden oft zu Fimmbjörg wird; ihr Mann soll sie so genannt haben, und ein ins Kirchspiel zugezogener Bursche glaubte, daß sie ihren Namen von Fünf Bergen herleite (Fimm = fünf, d. Ü.). Ihr Bett stand zwischen den Pfosten auf der Giebelseite, nahe der Badestube, wo auch das Fenster war. Ólaf wohnte mit seinen Söhnen zwischen den mittleren Pfosten, und von da führte eine Tür in den langen und dunklen Gang hinaus, der einen Lehmboden und Lehmwände hatte. Er unterhielt sich von seinem Bett aus mit ihr und fing allmählich bereits an, davon ein wenig heiser zu werden. Obwohl man ihn außerhalb des Hauses für abweisend hielt, glaubte man doch, er sei innerhalb des Hauses ziemlich umgänglich. Man konnte ihn häufig auch von der Eingangstür her mit der Frau reden hören, und seine Stimme nahm dann den Weg durch die Fensterscheibe; manchmal sprach er auch vom Dach herab mit ihr, wo er damit beschäftigt war, die Torfsoden auszubessern oder es mit Mist zu verstreichen oder nach den Satanspfarrern vom Mosfell Ausschau zu halten, von denen er immer annahm, daß sie ihr Vieh zu ihm herübertrieben. Man wußte nie genau, ob die Frau auch hörte, was der Mann sagte; denn niemals war eine Antwort zu vernehmen.

Es gibt nichts Schwieriges

Höchst selten nur begegnete man Hrísbrúleuten, die nicht gerade mitten in einer Arbeit steckten; entweder waren sie unterwegs zum Schafstall oder auf dem Weg von dort zurück, den Bart noch voller Moos, oder sie waren beim Füllen der Heukästen, oder sie reparierten das Seil an der Tür zur Vorratskammer, vielleicht schreinerten sie auch gerade etwas. Doch niemals waren sie so sehr von ihren Arbeiten in Anspruch genommen, daß sie nicht Zeit zum Plaudern mit den Fremden von Kjós hätten finden können, etwa über den Abtrieb ihrer Schafe aus dem Gebirge, oder um jemand vom Borgfjord zu fragen, wie das Wetter da oben im vorigen oder vorvorigen Jahr oder noch früher gewesen sei, oder sich bei einem aus dem Nordland zu erkundigen, wie dort nach jenem berühmten Jahr das Wetter sich gemacht habe, nachdem dann zwanzig Jahre lang das Frühjahr nicht mehr kommen wollte und die Schafe vor Erschöpfung starben. Überall im Lande unterhielt man sich über Glück und Unglück mit den Schafen, so wie man im Gesellschaftsleben über die Verhältnisse angesehener Personen sprach: salbungsvoll, aber vielleicht ohne dies alles allzu wichtig zu nehmen. Es dampft doch jetzt gewaltig auf Seltjarharnesi, konnte man sagen hören, ob die wohl beim Transchmelzen sind oder ob sie Dornhai sieden; vielleicht hat sogar auch ihr Tran Feuer gefangen? Und was kommt jetzt für ein übler Geruch von den Mosfellspfarrern herüber? Kaum zu denken, daß es sich bei diesen feinen Herren um angebrannte Seehasen handeln kann; die haben doch nicht etwa gar ihre Finger im Walfischfleisch, diese Satane!

Sie gingen niemals ganz aufrecht, aber auch nie mit gebeugtem Rücken und nicht, ohne daß sie ein klein wenig in die Knie sanken. Ihre Hunde waren im allgemeinen harmlos und lagen mit hängenden Ohren auf dem Hofplatz, von wo sie die vorbeikommenden Fahrensleute beobachteten. Nur wenn der Bauer Ólaf sie auf das Vieh des Pfarrers hetzte, fuhren sie aus der Haut wie die Schweine von Gadara, von denen in der Bibel die Rede ist. Ungeheuer lange Zeit benötigten diese Männer, wenn sie sich mit den Schafen beschäftigten, selbst wenn man berücksichtigt, daß sie einen langsamen und schwerfälligen Gang hatten. Wenn sie die Schafe zusammentrieben, konnte es vorkommen, daß sie sich mitten auf der Mosfellsheide hinsetzten und sich an einem steinharten Dorschkopf sattknabberten, was eine der kompliziertesten Aufgaben ist, die einem in Island gestellt werden kann, weshalb man glaubt, daß es im ganzen Land heutzutage höchstens fünf Personen gibt, denen dieses Kunststück gelingt; und so zeitraubend ist diese Beschäftigung, daß man bereits wieder hungrig ist, wenn man vom Tisch aufsteht.

Sonderbar, daß Männer, die so schlecht zu Fuß waren, ihr ganzes Leben damit verbringen sollten, mit leichtfüßigen Schafen um die Wette zu laufen. Obwohl es nach einer Lüge aussehen mag, so gewannen diese steifbeinigen Männer, die außerdem auch nicht die besten Augen hatten und dazu noch etwas engbrüstig waren, doch immer den Wettlauf mit den blitzschnellen Tieren. Ich glaube, das Geheimnis dabei ist das, daß sie sich mit Ausdauer so langsam bewegten, bis die Schafe schließlich das Interesse am Wettstreit verloren; teilweise mag es auch daher kommen, daß, wenn schon das Schaf störrisch und ausdauernd war, diese Männer es noch um einiges mehr waren. Sie verloren niemals die Geduld, auch dann nicht, wenn ein Tier, wahnsinnig vor Angst, vor ihnen her am nächsten senkrechten Steinhang bergauf geradewegs ins Gebirge lief. Niemals sagten sie, es sei eine schwierige Arbeit: der Begriff ›schwierig‹ hatte keinen Platz in ihrem

Wortvorrat. Man könnte kluge Schriftsteller zitieren, die der Meinung sind, der Aberglaube, es gebe etwas, das schwierig sei, leite sich nur vom Nachlassen der Kräfte her; nur die Arbeit ist schwer, die man nicht meistert. Obwohl sie so schlecht sahen, kam es nie vor, daß ihnen im Gebirge nur auch ein einziges Schaf entkam; sie brachten alle wieder nach Hause, und dabei sahen sie gar nicht danach aus, als wären sie todmüde und erschöpft. Sie hatten es nie eilig, aber es lag ihnen auch nicht, zu langsam in ihren Bewegungen zu sein.

Hatte erst einmal die Ernte begonnen, dann konnte man die Hrísbrúleute schon so früh am Tage auf ihrem Hofplatz sehen, da andere noch nicht aus ihren Betten waren, es sei denn ein Milchkutscher, der mitten in der Nacht mit seinen Milchkannen auf einem Karren gen Süden aufbrach. Nie bin ich mir darüber im klaren gewesen, ob sie, wenn ich sie sah, nun gerade erst aufgestanden oder ob sie noch gar nicht zu Bett gegangen waren. Sie schienen sich kaum zu bewegen; im übrigen war das Gelände so uneben, daß es den Mähern, die gewohnt waren, Schwaden zu mähen, schlecht paßte. Es kam einem eigenartig vor, schon um drei Uhr in der Nacht diese bärtigen Männer ganz langsam bei der Arbeit zu sehen, fast unbeweglich im Gras und über die Sense gebeugt; sie schienen im Schlaf zu arbeiten. Das Ergebnis jedoch war, daß alle die vielen Unebenheiten des Bodens glattrasiert waren, und die Hrísbrúleute kamen, wenn es ums Heu ging, nie in die Klemme. Ich kann mich noch gut daran erinnern, wie sie auf dem Hof in der tiefen hellen Nacht ihre Sensen dengelten. Diese Arbeit besteht darin, die Schneide der Sense dünn zu klopfen, so daß sie sich besser wetzen läßt. Sie wird dabei auf einem Amboß mit einem kleinen Hammer gegen den Rand hin flacher geschlagen. Der Amboß wurde in eine kleine Bodenerhebung gesteckt, und der Sensendengler saß rittlings auf dieser Erhebung. Die Hammerschläge hatten den hohen Klang von Schellen, der in der Stille der Nacht weithin zu hören war, selbst noch an ganz entfernten Orten. Dieser Klang des Hämmerns war den erwachenden Waldvögeln höchst willkommen; sie pickten, hinter den Mähern dreingehend, Regenwürmer aus den Bahnen der Sensen, solange diese noch feucht waren. Der Klang des Dengelns ist eine Musik, die man nicht vergessen kann.

Die Behörden beginnen aufzuwachen

Nun war es ja schon lange her, seitdem der König die Anordnung unterzeichnet hatte, daß die Mosfellskirche zu verschwinden habe. Zu jener Zeit wurden die Einwohner des Landes angewiesen, aus Sparsamkeitsgründen überall in Island Kirchen zusammenzulegen. Nun gab es schon seit langem im Mosfellskirchspiel zwei Kirchen, jede an einem Ende des Bereiches, die eine im Mosfellsdal, oben auf der Heide, die andere in Gufunesi, im Sund draußen am Meer. In der Mitte des Mosfellskirchspiels gab es keine Kirche, und dies schon seit den katholischen Tagen, da die Kapellen von Sudur-Reykjum und Varmá abgebrochen wurden. Von Kajalarnes bis Kleifa gingen die Leute in Mosfell zur Kirche, und die Propstei hieß nach einer alten Bezirkseinteilung Kjalarnesting. Die Kirchenbehörden des Landes mitsamt den Pröpsten im

Kjalarnesting hatten sich lange Zeit überhaupt nicht um das Gebot der Zusammenlegung und Verlegung der Kirchen in dieser Gegend gekümmert, obwohl dies für die Kasse des Landes von Nutzen gewesen wäre, und hatten alles beim alten gelassen. Es sah ganz danach aus, als wäre den Leuten die Rettung ihrer Seelen wichtiger als diese Kasse, und sie reagierten mit Saumseligkeit und immer neuer Verzögerung auf die weisen Überlegungen des dänischen Königs, soweit sie den Kirchenbau betrafen, genauso wie auf etliche andere seiner guten Einfälle, selbst wenn es dann oft doch damit endete, daß schließlich der König es war, der seinen Willen durchsetzte. Nun hatten sich die Leute in den letzten dreihundert Jahren mit jenem Glauben abgefunden, den der dänische König im Lande hatte verkünden lassen, und dabei kam es dann so weit, daß der König die Bischöfe Islands zu seinen Laufburschen machte, während die Pröpste die Springinsfelde der Regierung wurden, wenn auch nicht alle gleich zuverlässige. Aber obwohl der lutherische Glaube nicht imstande war, Antwort auf die Frage zu geben, welchem Heiligen denn nun eigentlich die Mosfellskirche geweiht sei, und dieser Glaube den Menschen nicht einmal nur auch einen einzigen armseligen umherwandelnden Engel zu zeigen vermochte, und ungeachtet des zunehmenden Elends der Pfarrer, sowohl des körperlichen als auch des geistigen, fanden sich diese Bauern nicht damit ab, daß fern im Ausland ein König sich daran machte, hier auf Island Kirchen zu schließen. Man war überzeugt, daß die Mosdalbewohner Schulter an Schulter zusammenstehen und dafür sorgen würden, daß Gott an dem Platz gelassen werde, wo er hingehörte, zumal es die Mosfellskirche war, in der Egil Skallagrímssons Haupt ruhte.

Im Laufe dcr gut hundert Jahre, seitdem die Anordnung von Dänemark ausgegangen war, die Mosfellskirche sei abzureißen, war es um die Lebenskraft im Lande immer wieder einmal schlecht bestellt gewesen, und die Regierung des Landes konnte ihrerseits nicht all den kleinen Kirchengütern ans Leben gehen, die die Dänen beseitigt wissen wollten; sie begnügten sich vielmehr damit, das Kirchengut von Skálholtsstad einzuziehen, von dem Ort, der damals als die Hauptstadt des Landes galt, sowie von Hola im Hjaltadal im Nordland. Das Kleinzeug in den Bergen, wie etwa die Mosfellskirche, mußte bis später warten. Dazu kam, daß im Verlauf dieser hundert Jahre ganz andere Sorgen im Vordergrund standen: Hungersnöte, Napoleon der Große, Jörundi Hundstagekönig, die Münzgeldumstellung und die Schafkrätze. Doch am Ende des 19. Jahrhunderts waren die Menschen dann doch so gut erholt, daß man das königliche Dekret vom Jahre 1774 noch einmal auf die Tagesordnung setzen konnte, diesmal beim Alting. Dabei stellte es sich dann heraus, daß zwar dem Dekret nicht Folge geleistet, daß es aber auch niemals außer Kraft gesetzt worden war. So kommt es, daß das Alting in Reykjavík am 12. Mai 1882, um noch einmal den Druck auf die Kasse des Landes zu mindern, beschließt, es sollten Veranstaltungen für die Zusammenlegung der beiden Kirchen im Kjalarnesting, Gufunesi und Mosfell, getroffen werden, vorausgesetzt, daß zwei Drittel der Gemeinde ihre Zustimmung dazu gaben. Auf der Kirchenversammlung vom Kjalarnesting, die in der Pfarrschule in Reykjavík am 11. Januar 1884 abgehalten wurde, beschlossen die Versammlungsteilnehmer, die dort repräsentiert waren, Pröpste, Pfarrer und Gemeinderatsvorsteher, daß nun in der Kirchensache der Mosdalbewohner etwas geschehen müsse. Niemand protestierte dagegen.

Damals war Pastor Johann Torkelsson Pfarrer vom Mosfell. Er behauptete, er habe keine negative Reaktion in der Angelegenheit der Zusammenlegung der Kirchen bei seinen Kirchspielkindern bemerkt; er fügte jedoch hinzu, in Island seien ja Talbauern von Natur langsam und ihr Gemurmel sei nicht immer leicht zu verstehen, und noch weniger sei viel aus ihnen herauszukriegen. Ihre Stellungnahme zu der Angelegenheit werde vermutlich auf einer Versammlung dargelegt, bei der die dafür notwendige Abstimmung stattfinden werde.

Nach dem Bezirksting der Kirchenbehörden wurde diese Versammlung im Heimatkirchspiel der Bauern einberufen, die ihre Stimme in der Sache abgeben sollten. Doch dem königlichen Traum, der schon seit 1774 auf seine Erfüllung wartete, standen noch immer Schwierigkeiten im Wege. Aber es kam nach dem andauernden Druck des Propstes im Kjalarnesting, des Toraren, der das Torarenbuch schrieb, so weit, daß es im Jahre 1886 gelang, von den 25 Kirchspielbauern, die zur Mosfellskirche gehörten, 15 in der Stube des Pfarrhofes zusammenzubringen.

Der berühmte Propst, der mit seinem Buch die Bevölkerung des Landes aufgeklärt hatte, schärfte diesen Bauern unter Aufbietung seiner ganzen Gelehrsamkeit und Beredsamkeit die Notwendigkeit ein, die die Kirchenleitung und die Behörden des Landes dahingehend für gegeben erachteten, daß die Kirchen zusammengelegt wurden, und er beklagte die Gleichgültigkeit, die nun schon mehr als hundert Jahre lang im Bezirk gegenüber den berechtigten Wünschen der Behörden in dieser Angelegenheit geherrscht hatte. Etliche der Männer nahmen dabei eine Prise, andere schneuzten sich die Nase oder spuckten auf den Boden, und manche kratzen sich. Aber keiner tat in dieser Sache seinen Mund nur auch für einen einzigen Laut auf.

So schritt man denn zur Abstimmung. Zuerst wurde über den Vorschlag abgestimmt, der darauf hinauslief, daß jeder, der nicht zu erkennen gebe, er sei entweder dafür oder dagegen, als ein der Zusammenlegung der Kirchen im Mosfellsbezirk Zustimmender betrachtet werde. Für diesen Vorschlag stimmten 3 oder 4, keiner dagegen. Bei der Abstimmung über die Sache selbst, die darauf folgte, gaben 6 Männer Jastimmen ab, während 3 mit Nein stimmten. 6 enthielten sich der Stimme. Das war eine unbefriedigende Beteiligung, und es war zweifelhaft, ob damit der Forderung des Altings nach einer Majorität so weit Genüge getan war, daß die Zusammenlegung der Kirchen rechtskräftig werden konnte. Die Versammlung wurde deshalb unter dem Vorwand aufgehoben, die Zahl der Erschienenen sei zu klein gewesen und der Wille der wenigen sei nicht deutlich geworden. Der Propst sagte, es gebe nun keinen anderen Ausweg, als die Stimmen der Kirchspielbewohner schriftlich einzuholen, so daß das Erscheinen der Abstimmenden nicht mehr nötig sei. Pastor Johann vom Mosfell wurde zusammen mit dem Vorsteher des Gemeinderats der Mosfellskirche, dem Bauern Kolbein in Kollafjord, die Aufgabe übertragen, für die Einsammlung der Unterschriften der Kirchspielbewohner betreffend die Zusammenlegung im Mosfellsbezirk zu sorgen und alle aufzufordern, ihre Stellungnahme für oder gegen den Abbruch der Mosfellskirche kundzutun.

Es kommt zum Kirchenstreit

Diese Begebenheiten spielten sich, wie schon früher gesagt, in der Zeit der Heuernte ab, also zur Zeit der hellen Nächte. Das Wetter war gnädig, mit schönen Trockenperioden, doch das Gras war tagsüber an den Wurzeln zu trocken, und eifrige Männer waren bereits in den frühen Morgenstunden auf den Beinen, um das Gras zu mähen, solange noch Tau darauf lag.

Eines Morgens, bei Tagesgrauen, wurde auf dem Pfarrhof im Mosfell kräftig an die Tür gepocht. Der Pfarrer und die Seinen lagen noch im Schlaf.

»Der Herr sei mit dir, wer ist da?« rief, nach der Sitte des Landes, Pastor Johann noch im Halbschlaf.

»Es sind Knechte«, wurde vom Hofplatz herein geantwortet, wie es ebenfalls der Brauch war. Nun aber heraus aus den Federn, um denen da draußen Rede und Antwort zu stehen!

Nach dem, was in den Briefen steht, die Pastor Johann an seinen Propst, den Pastor Toraren in Gördum, schrieb und was später auszugsweise in einer Zeitung abgedruckt wurde, verlief dieser Besuch wie folgt:

Auf dem Hofplatz steht der Bauer Ólaf Magnússon von Hrísbrú, den Sensenstiel geschultert, mit dem Sensenblatt nach oben. An der Sense hängt noch Gras, und das deutet darauf hin, daß der Heumacher direkt von der Mahd kommt. Er stößt den Sensenstiel in die Erde, auf die gleiche Weise, wie man glaubt, daß Gunnar von Hlidarenda es mit der Spitze seines Speeres in den Fällen gemacht hat, in denen er diesen nicht gerade zu schwingen brauchte.

In einiger Entfernung von ihm und näher beim Kirchhofstor steht sein Sohn Bogi auf dem Hof, der auf diesem Zug der Waffenträger seines Vaters geworden ist und einen Rechen in der Hand hält, dem noch Heubüschel zwischen den Zähnen hängen, denn er hatte das frisch gemähte Heu, seinem Vater auf den Fersen folgend, gerade zusammengeharkt, als sie beide ihren höheren Ruf empfingen. Nachdem Pastor Johann an die Tür gekommen ist, tut der Bauer Ólaf seinen Mund auf und redet den Pfarrer an: »Stimmt es, daß du Satansjohann die Mosfellskirche dem Erdboden gleichmachen willst?«

»Ich glaube nicht, daß das ganz korrekt ist, mein Bruder Ólaf«, antwortet Pastor Johann; »korrekt ist vielmehr, daß der König und das Alting eine Zusammenlegung der Kirchen hier im Bezirk befohlen haben, und dies wird von dem Landeshauptmann, dem Bischof und allen Pröpsten, außerdem von den meisten vernünftigen Bauern im Bezirk unterstützt.«

»Geht es dabei nicht um Egil Skallagrimssons Kirche, und ist etwa nicht der Schädel Egils uns auf Hrísbrú schon gleich zu Beginn gestohlen worden?« fragt der Bauer Ólaf.

Pastor Johann antwortet darauf, wir wüßten leider nicht mehr, welchem Heiligen anfangs die Kirche geweiht worden war.

Ólaf sagt: »Wenn schon euch Mosfellsatanen Egil Skallagrimssons nicht heilig genug ist, so ist er uns auf Hrísbrú doch gut genug. Und obwohl ihr uns die Kirche gestohlen habt, sind wir der Meinung, uns gehöre davon so viel, daß wir uns niemals damit abfinden können, daß die Kirche abgerissen wird. Wir sind jetzt von der Hrísbrúmarkung herübergekommen, weil wir es nicht mehr länger dulden können, als Unterdrückte leben zu müssen. Erzähl das deinen anderen Satanen. In dieser Sache wird es noch zum Volkskrieg kommen. Blut wird fließen.«

Pastor Johann antwortet darauf: »Es ist schön und gut, mein guter Freund, für eine gute Sache zu kämpfen, besonders wenn man sich vorher an den himmlischen Vater gewandt und ihn gebeten hat, er möge einem das richtige Verständnis und die richtige Waffe geben.«

»Ich bin beim Kleinschmied gewesen«, antwortet Ólaf von Hrísbrú, »aber dieser mißratene Tropf versteht sich ja nicht mehr darauf, ein ordentliches Schwert zu schmieden.«

»Und wer sollte denn nun mit dem Schwert kämpfen, mein guter Ólaf?« fragt Pastor Johann.

Ólaf antwortet: »Ich bin bereit, und Bogi ist bereit.«

»Ach so, so ist das nun also, mein guter Freund«, sagt Pastor Johann. »Da fällt mir nun ein, ob ich nicht Gunna wecken sollte, obschon es ja noch früh am Tage ist, und sie bitten sollte, Feuer unter die Kaffeekanne zu machen.«

Darauf sagt Ólaf: »Glaubst du denn mit deinen Satanen, daß mein Vorfahre Egil Skallagrimsson sich herabgelassen hätte, Kaffee zu trinken, wenn er zum Kriegführen aufgelegt war?«

»Aber leider habe ich kein Bier, wie es Egil zu trinken pflegte? «, sagt Pastor Johann. »Doch ein guter Kaffee ist gut, wenn er gut ist.«

Darauf bittet Johann seine Gäste, einen Augenblick zu warten, und verschwindet ins Haus. Unmittelbar danach tritt ein junges Mädchen, des Pfarrers dienstbarer Geist – ihr Name ist Gudrun Jónsdóttir – etwas leicht bekleidet, aus der Tür und fragt, ob die Gäste nicht in die Küche hereinkommen wollten und dort ein wenig braune Kaffeebrühe trinken möchten.

Diese Gudrun Jónsdóttir ist ein uneheliches Kind, doch sagt man von ihr, sie stamme von den Stephensens ab; sie war damals um die Zwanzig, und man hielt sie schon während ihrer Jugend und auch später noch für einen ausgezeichneten Menschen. Hier folgt nun ein vorläufiger Bericht über dieses Mädchen. Sie war stattlich anzusehen, hatte eine harte Jugend gehabt, hatte jedoch beizeiten begonnen, sich allein in der Welt zurechtzufinden, und ihre Geschicklichkeit, besonders beim Torfstechen, war bekannt. Sie war von großer Gestalt und hatte Kräfte wie ein gesunder Mann. Sie ging von Hof zu Hof und verrichtete diejenige Feldarbeit, um die sich andere drückten, und hatte eine so freundliche Art, daß jedermann sie haben wollte; und obwohl sie sich einer derben Sprache bediente, gab es keinen Menschen, der ihr ihre Worte verübelt hätte. Mehr über diese Sprache, wenn die Zeit dafür gekommen ist.

Gudrun Jónsdóttir lebte und plagte sich in diesem Kirchspiel ein langes Leben lang ab, ohne für ihre Arbeit – soviel man jedenfalls wußte – Geld zu nehmen. Ihr ganzes Leben lang hatte sie nie mehr als zwei Kleider besessen, das eine für den Werktag, das andere für den Kirchgang, so wie die Jesuiten. Sie strickte sich ihre Strümpfe und Dreieckstücher selbst aus der Wolle von ein paar Schafen, die sie besaß, und trug ein Kleid aus Barchent und band sich einen Schal über den Kopf; ihr Kirchenrock war aus schwarz gefärbtem grobem Loden, und ihre Jacke war aus feinem Stoff; doch kann ich mich nicht erinnern, die Frau jemals mit einer Halskrause gesehen zu haben, wie das sonst zu solchen Jacken üblich war. Dann und wann schenkte ihr ein Bauer ein Lamm, und sie mähte dann selbst das Heu für das Tier und nahm dieses jeweils mit sich auf den Hof, auf dem sie gerade zu tun hatte. Mit der Zeit bekam sie auch eine rote Stute. Streng genommen war sie ein Kapitalist, denn sie verdingte sich nie, sondern man nahm sie für eine selbständige Arbeiterin. Dieser Titel hatte ein wenig den Geruch einer Sonderstellung, obwohl dies vielleicht auch nur Einbildung war. Auf jeden Fall war sie eine freie Frau. Mehr über diese Frau später.

»Weshalb lungert ihr mitten in der Nacht hier auf euren elenden Sensenstielen herum, die andern Leuten ins Gesicht stoßen, ihr armen Tröpfe?« behauptet Gudrun Jónsdóttir zu ihnen gesagt zu haben, als sie viel später über diesen Besuch ausgefragt wurde.

Die Gäste hatten sich nun in die Küche gesetzt und warteten auf den Kaffee.

»Wir hätten dir gern einen Mann verschafft«, sagte der alte Ólaf.

»Was würde das schon für einer sein, du Tölpel«, will Gudrun darauf gesagt haben. »Welcher Bursche sollte auch ein solches Stück wie Gunna, die Große, heiraten?«

»Na, vielleicht so einer wie der da, der Bogi«, sagt Ólaf.

»Seid ihr etwa deshalb mit eurer Sense gekommen, um mir zu drohen, was?« sagt Gunna.

»Ich habe nur einen Rechen«, sagt Bogi. »Und auch die Sense meines Vaters war nicht für dich gemeint, Gunna.«

»Sei bedankt, mein armes Bürschlein, du kriegst noch eine Tasse Kaffee dafür«, sagt Gunna.

Der alte Ólaf: »Diese Satane muß man züchtigen. Man

hat immer guten Erfolg gehabt bei den Mosfellsbauern, wenn man sie unter der Fuchtel hielt. Zum Kuckuck, man kommt keinen Schritt mit ihnen weiter, wenn sie nicht Angst vor einem haben.«

»Ich konnte gut merken, daß sie mit ihrem Kaffee recht zufrieden waren, diese Burschen«, sagte Gudrun Jónsdóttir, als sie, viel später, gefragt wurde, was denn damals eigentlich vor sich gegangen sei. »Sie schlabberten ein paar Spülnäpfe voll von diesem Gesöff in sich hinein, und ihre Nasen fingen an zu röcheln. Aber sie bedankten sich nicht dafür, noch baten sie, die Leute auf dem Hof zu grüßen. Sie sagten, sie müßten sehen weiterzukommen und sich wieder ans Mähen machen, solange das Gras noch feucht sei, diese armen Biester.« Gudrun Jónsdóttir begleitete sie bis an die Tür. Sie fragte: »Habt ihr auch nichts vergessen, meine sanften Lämmlein?«

Sie gaben keine Antwort.

Die Sense stand, als sie nach dem Kaffee ins Freie kamen, noch so da, wie sie hingestellt worden war: mit dem Blatt nach oben. Ólaf nahm sie und legte sie sich über die Schulter, diesmal jedoch mit der Sensenspitze nach unten.

Darauf gingen sie geradewegs der Nase nach heimwärts, Ólaf mit der Sense voraus, Bogi mit seinem Rechen zögernd hinter ihm drein, verschwanden hinter dem Hofhügel in die Kluft des Bergsturzes hinab.

Eine Reise mit theologischen Gesprächen

Am selben Morgen, zu der Zeit, da üblicherweise der Distrikt schon munter war, ritt Pastor Johann seines Wegs, um Unterschriften für die Zusammenlegung der Kirchen zu sammeln. Er hatte mit seinem Gemeinderatsvorsteher Kolbein in Kollafjord ein Treffen verabredet. Pastor Johann sprach dabei langsam und mit einer dunklen Stimme, deren Klang aus der Tiefe zu kommen schien, während Kolbein von Kollafjord vergnügliche Anekdoten zum besten gab, die allen gefielen, nur nicht Pastor Johann. Es ging dann, wie es so oft zu gehen pflegt, wenn solche biederen Männer sich von den Bauern eine Gefälligkeit erbitten wollen: es zeigt sich nämlich nicht viel Entgegenkommen, selbst da nicht, wo die meisten anscheinend ganz freundlich gesinnt sind.

Pastor Johann versuchte, die Leute auf bessere Gedanken zu bringen, und sagte, er sei es jetzt müde, den Boden des Königs zu beackern, wie er das bisher in Mosfell hätte tun müssen, mit all den damit verbundenen Pflichten und den üblichen Beschwerlichkeiten, die davon herrühren, daß man im Brot der Obrigkeit steht; er teilte ihnen mit, daß er jetzt den Kauf des Lágafell-Hofes perfekt gemacht habe, wo auf Wunsch des Landeshauptmanns und des Bischofs und hoffentlich auch Gottes und der vernünftigen Männer dieser Gegend eine Kirche gebaut werden sollte. Pastor Johann sagte, er wolle für die neue Kirche in Lágafell keine höhere Grundabgabe verlangen als zwei Kronen für jeden Bauern, und er garantiere für das ganze Kirchspiel in dem neuen Kirchhof Begräbnisplätze für vier Kronen. Die Bauern fragten, ob diese Miete für ewige Zeit gelte, und darauf antwortete Pastor Johann, daß die Mietbestimmung einem Gebührenansatz des Bischofs entspreche und in Kopenhagen gutgeheißen worden sei. Manche sagten darauf, daß sie sich lieber gratis auf dem Mosfell begraben lassen wollten. Pastor Johann sagte, daß Gott von seiner Gemeinde in Lágafell, wo es unbegrenzt viele Begräbnisplätze gebe, nicht weiter entfernt sei als von Mosfell, wo nur ein kleiner Hügel vorhanden sei. Die Bauern im Mosfellskirchspiel hätten ihre Kirchen im Mosfell und Gufunesi selbst unterhalten und trotzdem darüber hinaus noch zwei Kronen im Jahr für den Kirchenanteil in Mosfell bezahlen müssen, was sonst nirgendwo üblich sei, dazu noch vier Kronen im Jahr für den Kirchendiener, zusammen also sechs Kronen im Jahr im Mosfell, dagegen sechs Kronen auf Zeit und Ewigkeit in Lágafell.

»Man darf also sagen, daß es, wenn man erst einmal nach Lágafell gekommen ist, billig geworden ist, im Himmelreich zu sein«, sagte abschließend Pastor Johann.

Ein Bauer fragte darauf: »Ist es denn nun auch todsicher, daß wir zu Gott kommen, wenn hier alles einmal überstanden sein wird?«

Pastor Johann antwortete, das sei so.

Sie stellten Fragen wie: Weshalb kommen wir zu Gott? Haben wir das denn verdient? Und was sollen wir dort?

»Von dort sind wir ursprünglich gekommen«, sagte Pastor Johann. »Dort sind wir daheim.«

Um diesen Gedanken zu untermauern, berichtete Kolbein von Kollafjord von einer gewissen Frau, die ihren Ehemann Jon in einem Sack in den Himmel brachte. Petrus erklärte, er wolle diesen Jon nicht haben, und wollte gerade der Frau die Tür vor der Nase zuschlagen.

Da setzte sie ihren Fuß zwischen Tür und Schwelle und beförderte mit einem wohlgezielten Fußtritt mit dem anderen Bein den Sack durch den Spalt, so daß er ins Himmelreich hineinflog. Petrus saß nun mit dem Kerl da und mußte ihn behalten.

Der Bauer von Leirvogstúngu sagte darauf: »Wenn ich recht verstanden habe, Kamerad, so hatte die Frau also drei Beine, eines, um drauf zu stehen, das andere, das sie zwischen Tür und Schwelle setzen mußte, und ein drittes, das sie dazu gebrauchte, den Sack in den Himmel zu stoßen.«

»Müssen auch die sechs Kronen bezahlen, die in die Hölle kommen?« fragte ein anderer.

»Wir wissen nur sehr wenig«, sagte Pastor Johann. »In Wirklichkeit wissen wir nur eines: wir gehören Gott, und bei ihm sind wir daheim. Aber auch das ist nach beiden Seiten offen.«

Darauf wurde gefragt: »Könnt ihr Pfarrer denn nicht schon im voraus nach dem Aussehen der Leute irgendwie entscheiden, wer einmal in die Hölle fahren muß? Wenn wir, die wir in den Himmel kommen, sechs Kronen Abgabe für ewige Zeit auch für die bezahlen sollen, die den anderen Weg kutschieren, dann ist das Betrug, auch wenn es sich dabei nicht um große Summen handelt.«

»Wir Pfarrer sind selten so begabt, daß wir mit Sicherheit sehen können, wer die passende Dicke hat und wer nicht, um gar nicht davon zu sprechen, was man noch mehr sehen müßte«, sagte Pastor Johann. »Es ist sehr wichtig, die richtige Dicke zu haben, man darf jedoch auch nicht zu mager sein. Das übrige legen wir in die Hand des Allwissenden.«

Das wurde so ausgelegt, daß die Mageren in die Hölle

fahren müßten, weil sie dazu neigten, mit Gott und den Menschen des Hungers wegen hart ins Gericht zu gehen, und daß die Dicken den gleichen Weg gehen müßten, weil sie vom Aussaugen der Witwen und Waisen fett geworden waren. Es konnte jedoch auch das Gegenteil bedeuten.

Kolbein von Kollafjord erzählte dann folgende Geschichte: Ein Vater und sein Sohn waren einmal dabei, Pferdehaare zu entwirren. Plötzlich brach der Junge das Schweigen und sagte: »Ist es richtig, Vater, daß der Heiland in die Hölle hinabstieg?« – »Das weiß ich nicht«, sagte der Alte. »Der Pfarrer hat neulich etwas Derartiges gesagt. Aber wir beide wollen uns da nicht dreinmischen. Laß uns lieber unsere Pferdehaare zupfen.«

Das Resultat dieser Unterschriftenexpedition, die den ganzen Tag über bis weit in den Abend hinein von theologischen Unterhaltungen ausgefüllt war, war natürlich das, daß, nachdem zwei so vortreffliche Männer den gleichen Standpunkt vertraten, alle ohne Ausnahme unterschrieben, ob sie nun vor wenigen Tagen dafür oder dagegen gestimmt hatten. Etliche unterschrieben mit dem Vorbehalt, die öffentliche Zusammenlegung der Kirchen solle nicht eher stattfinden, als bis in einigen Jahren alle die jetzt Lebenden gestorben seien, und sie erklärten, daß sie ihren Namen in der Überzeugung unter das Schriftstück setzten, daß dies ja bald geschehen werde. Wie dem auch sei, alle wußten nun, daß ihre Kirche nach Gottes und der Menschen Willen vor dem Fall stand und daß weder Worte noch Beschwörungen das mindeste auszurichten vermochten gegen das Schicksal, das der oben erwähnten Kirche zugedacht war. Das Urteil über dieses furchtbare Schicksal wurde dadurch gemildert, daß man sich in der Sache auf das Zureden guter Männer verlassen durfte und sich nicht einem Machtwort unterwerfen mußte; andererseits war es zweifelhaft, ob es überhaupt jemanden gab, der seine Unterschrift aufgrund vernünftiger Argumente leistete.

Kolbein von Kollafjord hat in einem Brief seine Heimreise geschildert, die er angetreten hatte, als er und Pastor Johann am Abend nach vollbrachter Tat voneinander Abschied genommen hatten, und schreibt: Ich ritt an diesem Abend auf dem kürzesten Weg über Skriduna an Hrísbrú vorbei. Die Leute standen auf ihrem Hofplatz und waren dabei, Werkzeuge zu reparieren. »Na«, sage ich, »nun mußt lieber auch du deinen Namen druntersetzen, Ólaf. Alle anderen stehen schon auf dem Papier.«

Ólaf sagt: »Ich habe noch nie geschrieben, schreibe nicht und werde niemals schreiben. Mein Schädel liegt in Mosfell, und es ist Egil Skallagrimssons Schädel, den uns die Mosfellspfarrer stahlen. Dieser Schädel wird niemals bersten.«

»Und was meinst du, Bogi, glaubst auch du nicht, daß du unterschreiben wirst?« fragt Kolbein, der Vorsteher des Kirchengemeinderates.

Bogi antwortet: »Ich werde meinem Vater den Zügel halten, wenn er es für nötig hält, andere Höfe zu besuchen.«

Neues von der Front. Musterung der Truppen

»Na, ihr da, ihr zwei! Habt euch auf die Reise gemacht, so schwachsinnig, wie ihr seid?« sagten die Leute an dem Tag zu Ólaf auf Hrísbrú, da er mit seinem Sohn Bogi als Führer im Kirchspiel auf Visitationsreise unterwegs war.

Nie zuvor hatte man gehört, der Bauer Ólaf auf Hrísbrú hätte sich öffentlich in die Angelegenheiten des Kirchspiels eingemischt; weder strebte er danach, in irgendeinem Ausschuß einen Sitz zu bekommen, noch waren andere bestrebt, ihm einen solchen Sitz zu verschaffen. Wohl traute man ihm zu, daß er, wie alle Isländer, ein Buch lesen könne. Aber ob er auch zu schreiben vermöge, darüber waren die Meinungen geteilt; in dem einzigen Dokument, in dem man einer Unterschrift begegnet, die seinen Namen trägt, ist nicht angegeben, ob er die Feder eigenhändig geführt hatte. Es gibt Leute, die behauptet haben, nun, da er zum erstenmal im Kirchspiel umherritt, um die übrigen Bauern zum Widerstand aufzurufen, hätte er ein Stück mit einem geschriebenen Text bei sich gehabt, der sich gegen die Zusammenlegung der Kirchen richtet. Eine Bekräftigung dieser Behauptung beizuschaffen ist nicht möglich gewesen, in den Akten hat sich kein Dokument mit einem Hinweis dieser Art gefunden. Dagegen hielt er vor den Bauern Reden und forderte ganz besonders alle jene auf, die Hieb- und Stichgeräte hatten – auch wenn es sich dabei nur um einen Spaten oder eine Schaufel, ein Brecheisen oder eine Hacke handle, sie sollten diese Geräte von Erde und Rost säubern und sie schärfen. Er sagte jedoch, es könnte sein, daß stumpfe und rostige Geräte nicht viel taugten, weshalb es vernünftiger sei, daß sie ihre alten Knallbüchsen, soweit sie noch sochle hätten, ausprobierten oder aber, daß sie, falls sie Mut genug im Leibe hätten, sich neue Gewehre kauften. Sehr wichtig sei es, daß die Frauen hinter ihren Männern stünden und in Holzbottichen siedenden Urin bereithielten, damit man die Satane brühen könne, die die Niederreißung der Mosfellskirche ankündigten.

Er sagte auch, daß Männer, die nicht genug Mannesmut hätten, eine alte Kirchspielkirche auf ihrem heimatlichen Weideland am Leben zu erhalten und für sie bis zum bitteren Ende zu kämpfen, es verdienten, Hunden und Raben als Hackfleisch zum Fraß vorgeworfen zu werden; im übrigen seien dies wohl die gleichen Leute, die auch ihr Heu für Branntwein verkauften, und demnächst käme es ja wohl noch so weit, daß sie sogar die Rasen ihrer Felder stückweise für noch mehr Branntwein verschacherten – und man glaubt, daß diese Prophezeiung im Mosfellskirchspiel auch in Erfüllung gegangen sei.

»Sind wir denn solche Waschlappen geworden?« fragte Ólaf auf Hrísbrú, »daß wir, zum Teufel, keine eigene Kirche an einem so berühmten Ort länger mehr halten können, wo der Schädel Egil Skallagrimssons ruht? Traut ihr denn denen, die draußen im Ödland wohnen, wo nicht einmal ein Hund begraben liegt, zu, daß sie eher Kirchen unterhalten können als wir? Und was sind das eigentlich für Könige und Bischöfe und Pröpste, die die Bevölkerung des Landes auffordern, die Kirchen ihrer Väter zu zerstören! Und wer gehorcht diesen Satanen, die so etwas befehlen? Wer anders als geistesschwache Trunkenbolde und Pferdeschinder, die, schon so lange die Welt besteht, hier im Kirchspiel den Witwen und Waisen das Leben sauer gemacht haben. Ans Licht mit ihnen! Ist es schon so weit mit uns gekommen, daß man in diesem Dreckloch von Welt keinem Mann mehr in die Augen sehen kann, der noch ein richtiger Mann ist? Glaubt ihr vielleicht nicht, daß es den Satanen vom Mosfell völlig einerlei ist, ob ihr zur Hölle fahrt oder nicht? Außerdem haben sie bereits Lágafell gekauft und sollen dafür ein Papier von bischöflichen Schurken und doofen Königen aus uralten Zeiten haben, aufgrund dessen ihr verpflichtet seid, unentgeltlich am Aufbau eurer eigenen Feindkirche in Lágafell mitzuarbeiten. Und damit zum Schaden auch der Spott nicht fehlt, haben sie im Sinn, euch sechs Kronen dafür abzuluchsen, damit euch für Zeit und Ewigkeit gestattet werden kann, auf Lágafell im Grab zu liegen. Und das ausgerechnet an einem solchen Ort! Soviel ich weiß, ist auf Mosfell dies bis jetzt gratis der Fall gewesen.«

Als Ólaf auf Hrísbrú mit seiner Rede zu Ende war, blickte er sehr grimmig drein und preßte seinen Mund hart zusammen, so wie man es an der Maske des alten Henrik Ibsen sieht, die er sich für einen Fotografen zurechtgelegt hatte, und aus seinen starblinden und geröteten Augen schossen Blitze. Worauf er hinter eine Wand aus Grassoden trat, um sein Wasser abzuschlagen, und eine ganze Weile mit diesem Geschäft verbrachte.

Man hat behauptet, die Isländer hätten für vernünftige Argumente sehr wenig übrig und seien auch ökonomischen Argumenten kaum weniger zugänglich, am wenigsten jedoch Glaubensargumenten; sie würden jedoch dadurch mit ihren Schwierigkeiten fertig werden, daß sie sich der Wortklauberei bedienten und sich über Kleinigkeiten stritten, die mit der Sache selbst nichts zu tun hätten, daß sie es aber dann mit der großen Angst zu tun kriegten und es ihnen sofort die Sprache verschlage, wenn man zum Kern der Sache komme. Andererseits strengten sie sich bis aufs äußerste an, wenn es gelte, Bitten von Freunden und Verwandten zu entsprechen; übrigens würde jedes menschliche Dasein in Island schon vor vielen Jahrhunderten aufgehört haben, wenn dem nicht so gewesen wäre. Doch gibt es noch ein Argument, dem sich Isländer, wenn alles andere fehlschlägt, willig beugen, und das ist der Witz, es darf sogar auch ein dummer Witz sein. Mit einer unterhaltsamen Lügengeschichte kann man sich die ganze Gesellschaft gefügig machen und sie in die beste Stimmung versetzen; die Seele wird dabei bis auf den Grund positiv. Daher waren die Bewohner Mosfells mehr als geneigt, mit Wort und Eid am einen Tag einer Sache, die ihnen zwar ferngelegen hatte, zuzustimmen, weil der Freund, der ihnen mehr bedeutete als Gott, nämlich Pastor Johann, sie darum bat. Am Tag darauf aber kam Ólaf auf Hrísbrú, noch unmittelbar unter dem Eindruck des Geschehenen, geradewegs zu ihnen und bekehrte das ganze Kirchspiel mit einer neuen Beweisführung, die nicht weniger isländisch war als die erste und mindestens ebenso echt.

Wie immer man daher auch die Revolution des Denkens verstehen will, die die Tour des Bauern Ólaf im Kirchspiel verursachte, einigermaßen sicher ist, daß die Vernunft dabei keine Rolle spielte und noch weniger der Glaube, am allerwenigsten aber waren ökonomische Interessen mit im Spiel. Plötzlich kommt bei den Leuten die Unsicherheit darüber auf, ob und wie weit es richtig sei, die Mosfellskirche abzureißen, und gleichzeitig die Furcht, sie könnten mit dem Dokument, das sie bei Pastor Johann unterschrieben hatten, auf ihr Haupt, das

Egil Skallagrimssons Haupt war, endgültig verzichtet haben, auf das Haupt, das Egil selbst gekauft und bezahlt hatte. Nicht arrangierte Zusammenkünfte fanden an ungenannten Orten und wie zufällig statt, und dabei wurde weder ein Protokoll abgefaßt noch Anwesenheitslisten angelegt; es schärfte auch niemand jemandem irgend etwas ein, und es kam auch nie zu irgendeinem Bericht über diese Zusammenkünfte, und ein solcher soll auch hier nicht gegeben werden. Aber jedermann hatte das Gefühl, daß sich an dem Tag, da Ólaf seine Visitationsrunde ritt, in der Seele des Volkes etwas Entscheidendes ereignet habe.

Über die Leute von Hrísbrú ist noch zu berichten, daß sie, obwohl sie an der Landstraße wohnten und von überallher Neues hörten, diesmal doch überrumpelt wurden. Kolbein Eyólfsson, der Kirchenvorstand in Kollafjord, reitet auf den Hofplatz von Hrísbrú herein und begrüßt den Vater mit seinen Söhnen. Nachdem der Austausch allgemeiner Neuigkeiten überstanden ist, zieht der Bauer Kolbein ein neues Dokument aus der Tasche und fordert Ólaf und seine Söhne auf, ihre Unterschrift darunter zu setzen. An erster Stelle stand bereits sein eigener Name, Kolbein, Kirchengemcinderatsvorsteher Eyólfsson, so wie es auch bei dem vorausgegangenen Dokument der Fall gewesen war, und darunter konnte man die Namen aller Familienväter im Mosfellskirchspiel lesen, ausgenommen den Pastor Johanns.

Dieses neue Dokument war nicht, wie das vorausgegangene, an den Bischof gerichtet, sondern an den Landeshauptmann Islands. In ihm wird in Wirklichkeit um nichts anderes gebeten als um die Annullierung des Dokumentes, das, das Kirchenverhältnis im Mosfellskirchspiel betreffend, vor kurzem erst an den Bischof geschickt worden war. Jedoch wird jetzt dabei die Formulierung gebraucht, man bitte darum, in der Frage dieser Kirche bis auf weiteres keine überstürzten Handlungen vorzunehmen, und man hoffe, daß der Abbruch der genannten Kirche nicht bewerkstelligt werde oder daß man mindestens die Zusammenlegung mit anderen Kirchen, wofür ja bereits Pläne vorlägen, aussetze, da sich die Kirchspielbürger nicht für verpflichtet hielten, diese Pläne zu unterstützen, am allerwenigsten soweit sie ihre unentgeltliche Arbeit beträfen.

Diejenigen, die diesen Brief dem Landeshauptmann senden, sagen, es sei ihre Unbesonnenheit gewesen, die daran schuld sei, daß sie einige Tage zuvor einen anderen Brief unterschrieben hatten, und zwar an den Bischof, und dies sei mehr aus einem unangebrachten Wohlwollen dem Kirchspielpfarrer gegenüber geschehen als aufgrund einer genauen Prüfung der Argumente und der Gesichtspunkte. Eine öffentliche Versammlung, in Übereinstimmung mit den Bestimmungen des Gesetzgebers abgehalten, habe gezeigt, wie gering das Interesse der Leute an der Schaffung neuer Verhältnisse in der Kirchenfrage sei, und es sei nicht gelungen, auf einer gesetzlich einberufenen Versammlung die vorgeschriebene Mehrheit zu erlangen. Viele bezweifelten, ob jene Unterschriften, die in der Sache auf Dokumenten eingesammelt worden seien, einen Versammlungsbeschluß überhaupt ersetzen könnten, wie er nach dem Gesetz über das Alting vorgeschrieben war; selbst wenn Leute aus Wohlwollen oder Gutmütigkeit ein beliebiges Stück Papier unterschrieben, das ihnen daheim in ihrer Stube präsentiert werde, betrachte man ein solches Dokument keinesfalls für juristisch bindend. Die Bauern ersuchten hiermit, in einem neuen Dokument ihre Stellungnahme revidieren zu dürfen, und sie richteten es an den Landeshauptmann Islands in der Hoffnung, daß er aufgrund ihres untertänigen Ersuchens in der Sache als diejenige Behörde einschreite, die die Interessen des Volkes gegenüber Seiner Majestät, dem König, vertrete.

Besitzstand der Kirche. Die Bittschrift

In der Kirche, von der hier in Kürze berichtet worden ist, wurde aufgrund einer Anordnung des Propstes jener Tage in Gördum eine Bestandsaufnahme ihres Besitzes gemacht, und zwar zu der Zeit, da Lamm und Schaf im Pferch gehalten werden. Das Dokument der Bestandsaufnahme ist vom Kirchengemeinderatsvorsteher Kolbein Eyólfsson und zwei anderen unterschrieben, und es ist in der Kjalarnespropstei unter den Papieren jener Tage zu finden. Der Bauer Kolbein hat damals mit mehr als nur einer Angelegenheit dieser Kirche zu tun gehabt.

In dem Dokument ist verzeichnet, daß die Kirche 11 Ellen und 11 Zoll lang war, im Innern zwischen den Giebeln gemessen, was nach der heutigen Rechnung einer Länge von 7 Metern entspricht. Die Breite betrug 9 Ellen und 12 Zoll, ebenfalls innen gemessen.

Alles Holz auf der Außenseite wird, weil ziemlich angefault, für kaum mehr brauchbar gehalten; die unteren Balken sind alle verfault, die Innenwände mit Ausnahme der inneren Querbalken nicht verfault.

Inventar: Altar (das Schloß fehlt); Kanzel; Altargitter; Säule für das Taufbecken; ein Altarbild mit der Auferstehung des Heilands; ein zerschlissenes Meßgewand aus Samt; ein Messehemd; ein Altartuch von nur geringem Wert; eine alte und unbrauchbare Altardecke; ein silberner Kelch; inwendig vergoldet, samt einem alten Hostienteller aus dem gleichen Material; ein altes Meßtuch; zwei Leuchter, jeder mit zwei Kerzenhaltern aus Kupfer; eine defekte Glasglocke, zwei Epitaphe; eine Nummerntafel für die Kirchenlieder in einem wackeligen Holzrahmen; ein Taufbecken aus Messing, verbeult; Begräbnisgeräte, noch brauchbar; eine ganze Glocke.

Der Bargeldbestand der Kirche beträgt nach dem Kassenbuch knapp 2000 Reichstaler, und er hat sich in den abgelaufenen Jahren durch Begräbnisabgaben erhöht, während nichts für den Unterhalt des Kirchenbesitzes ausgegeben wurde.

Dieser Sommer vergeht, ohne daß sich in den Verhältnissen der Kirche, die hier beschrieben ist, irgend etwas von Bedeutung ereignet; bis dann Gerüchte aus dem Süden kommen, die besagen, droben im Mosfellsdal habe sich allerhand ereignet, was ziemlich undurchschaubar sei. Das ist nicht bloß bösartiges Geschwätz, sondern man weiß mit Sicherheit, daß höchstenorts zwei Briefe, von allen Bauern des Kirchspiels unterschrieben, vorliegen, der eine beim Bischof, der andere beim Landeshauptmann. Diese beiden Briefe hält man für einmalig in ihrer Art und höchst sonderbar, da sie von den gleichen Männern in der gleichen Sache unterschrieben sind und doch zu jedem einzelnen Detail ein Standpunkt so vertreten wird, als ob es sich um zwei extreme Parteien handle, die miteinander im Krieg liegen. Wenn man diese beiden Dokumente nebeneinander hält, zeigt es sich, daß jedes einzelne Individuum im Mosfellsdal in ein und derselben Sache zwei miteinander unvereinbare Gesichtspunkte vertritt und bereit ist, für beide Standpunkte zu kämpfen, den einen Tag für den einen, den anderen für den entgegengesetzten, und zwar jeweils aus Überzeugung und Stärke, die keinen vermittelnden Vergleich zulassen. Wahrhaftig, so wird gesagt, daß, wer sich die Mühe nimmt, die Briefe und Dokumente, die in dieser Angelegenheit sowohl in den Archiven des Kjalarnestings als auch in denen des Bischofsamtes einerseits und des Landeshauptmanns von Island andererseits liegen, zu lesen, daß der kaum darum herumkommt, sich vor Staunen immer wieder die Augen zu reiben.

Der letzte Brief der Bewohner des Mosfellsdals, der Brief an den Landeshauptmann, wird offiziell nicht vor dem 15. Dezember desselben Winters dem Bischof zur Äußerung vorgelegt. In der Stellungnahme des Landeshauptmanns, mit der er den wesentlichen Inhalt dieses Briefes zusammenfaßt, schiebt sich der Gedanke der Mosfellsdalbewohner in den Vordergrund, er, der Landeshauptmann, solle dem König und den Kirchenbehörden gegenüber der Ombudsman der Nation sein, und daß die Leute deshalb nun, wenn alles andere fehlschlagen sollte, ihr Vertrauen in ihn setzen. Was ihn selbst anbelangt, ist der Landeshauptmann in seinem Schreiben an den Bischof der Meinung, es könne keinen Zweifel daran geben, daß ein ganzes Kirchspiel hinter einem Gesuch stehe, das jeden Einwohner des Kirchspiels ohne Ausnahme gleich betreffe. Der Landeshauptmann deutet an, obwohl diese Leute früher in der Sache Überredungsversuchen ausgesetzt gewesen seien, die in eine andere Richtung gingen, und deshalb zu entgegengesetzten Standpunkten geneigt hätten, stehe es ja doch jedem Menschen hier im Lande frei, seine Meinung zu ändern, entweder jeder für sich, wenn er es wünscht, oder viele gemeinsam, wenn einem das lieber sei, und in Übereinstimmung mit dem, was jedem nach genauer Überprüfung aller Umstände und unter Berücksichtigung später hinzugekommener Erfahrungen seine Vernunft sage. Genauso müsse es respektiert werden, wenn jemand sich auf sein christliches Gewissen berufe, vor allem dann, wenn glaubhaft gemacht werden könne, daß ein solches tatsächlich vorhanden sei. Da bei dem Vorgehen, die Angelegenheit der Gemeinde hinter dem Rücken der Gemeindemitglieder oder gegen deren Willen zu regeln, Schwierigkeiten entstanden sind, so wollen wir jetzt vorschlagen, sagt der Landeshauptmann, man möge in dieser Sache nichts übereilen. Zum andern findet der Landeshauptmann es unstatthaft, daß Bauern des Mosfellskirchspiels aufgefordert werden, außerhalb ihrer alten Kirchspielgrenzen bei der Errichtung der neuen Kirche ihre Arbeitskraft unentgeltlich zur Verfügung zu stellen. Es sei immer unklug, in welcher Frage auch immer, Nebenumstände ins Spiel zu bringen, die der Gegenpartei dazu dienen können, den Kern der Angelegenheit in Zweifel zu ziehen. Der Landeshauptmann erwähnt, daß Pflichtarbeit bei der Erstellung der neuen Kirche von den Bauern vielleicht als ein Versuch ausgelegt werden könnte, sie zu demütigen. Es sei dazuhin auch unklug, aus dem Einziehen des ärmlichen Vermögens der Mosfellskirche zugunsten der zu erwartenden Lágafellskirche, die es ja vorläufig noch gar nicht gäbe, großes Aufheben zu machen. Es sei besser, dieses Geld bis auf weiteres in die

Obhut des Bischofsamtes zu geben. Zum Schluß wiederholt der Landeshauptmann seine Ansicht, die dahin geht, man könne in dieser Sache gut die Entscheidung so lange hinausschieben, bis die Zeit eine glücklichere Lösung in Aussicht stelle.

Aus den Archiven der Ämter geht nicht eindeutig hervor, ob der Bischof auf diesen Brief des Landeshauptmanns in der Angelegenheit der Mosfellskirche geantwortet hat. Nachdem der Landeshauptmann dem Bischofsamt eine Abschrift des letzten Briefes der Mosdalbewohner zugeschickt hatte, weist der Bischof immerhin irgendwo in seinem heute noch existierenden Brief an die Pröpste in Kjalarnesting kurz auf diesen hin; er nennt ihn ›Bittschrift der Mosdalbewohner an den Landeshauptmann‹. Das geschah in den letzten Jahren der Amtsperiode des Bischofs Pjetur Pjetursson, des gleichen, der damals einer der wohlhabendsten Männer des Landes und ein so großartiger Verfasser von Predigten war, daß man ihn zu den wenigen Isländern zählen darf, die Gott in seiner ganzen Tiefe verstanden haben. Im Brief an den Propst in Kjalarnesting drückt sich Pjetur Pjetursson dahingehend aus, daß der Brief der Mosdaler nur ›blinde Halsstarrigkeit‹ zum Ausdruck bringe. Der Bischof erwähnt nicht, das sämtliche Bauern im früheren Mosfellskirchspiel das Dokument unterschrieben haben. Als ›Rädelsführer bei dieser Widersetzlichkeit‹ erwähnt der Bischof den Kirchengemeinderatsvorsteher Kolbein Eyólfsson in Kollafjord, der sich jedoch wenige Tage, bevor er seinen Namen unter den Brief an den Landeshauptmann gesetzt hatte, in einem anderen Brief an den Bischof als Anhänger des gegenteiligen Standpunktes in der Angelegenheit der Zusammenlegung der Kirchen ausgesprochen hatte. Ólaf auf Hrísbrú wird in diesem Zusammenhang nicht erwähnt, vielleicht wurde er höheren Orts einer Erwähnung nicht für würdig befunden.

Im Herbst fing man kaltblütig mit der Aushebung des Fundaments für die Lágafellskirche an, ebenso für das des künftigen Pfarrhofes in Lágafell. Zeitig im Frühjahr kamen dann aus dem Süden die Zimmerleute und errichteten das Gebälk für die neue Kirche.

Die Geschichte vom teuren Brot

Am 29. Juni jenes Frühjahrs, in dem die Mosfellskirche abgerissen wurde, konnte man im Wochenblatt Öldin (Das Jahrhundert, d.Ü.) unter der Überschrift ›Bericht über teures Brot‹ folgenden Artikel lesen, und jeder, der auf die Bibliothek gehen will und alte Zeitungsartikel zu lesen vermag, kann ihn dort heute noch ausfindig machen und lesen:

Vor einigen Tagen ereignete es sich an einem Frühlingsabend im Mosfellsdal, daß ein zwanzigjähriges Mädchen namens Gudrun Jónsdóttir, Dienstmädchen beim Pfarrer von Mosfell, der im übrigen inzwischen sein Amt niedergelegt hat und dessen Kirche abgerissen ist, daß dieses junge Mädchen fortgeschickt wurde, ein Roggenbrot zu holen, das zum Backen im erdwarmen Sand südlich des Baches steckte, wo die Mosfellskirche eine warme Quelle besaß und wo man das Brot des Pfarrers im warmen Sand zu backen pflegte. Das Mädchen trug in einem hölzernen Eimer ein anderes, noch ungebackenes Roggenbrot mit sich, um die beiden Brote im Sand auszutauschen, denn es war der Brauch, daß man, wenn man ein fertiggebackenes Brot holte, gleichzeitig wieder ein ungebackenes Brot in den Sand legte. Es war Schwarzbrot und wog gewöhnlich sechs Pfund.

Erwähnt muß noch werden, daß es an diesem Tag einen dichten Nebel hatte, obwohl diesem Frühlingsabend eine helle Nacht folgte. Als das Mädchen die Brote ausgetauscht hatte, machte sie sich mit dem gebackenen Brot im hölzernen Eimer auf den Heimweg; sie hatte die Absicht, auf dem gleichen Weg zum Pfarrhof zurückzukehren, den sie schon hunderte Male gegangen war. Diesmal jedoch verwechselte sie die Richtungen, und anstatt geradewegs nach Norden zu gehen, was der direkte Weg ist, geht sie geradewegs nach Süden und kommt an einen sumpfigen Paß zwischen zwei Bergen, wo sie sich nicht mehr zurechtfindet. Sie hält sich an den Bach und sucht sich, ihm folgend, einen Weg, wobei sie die ganze Zeit bergauf tappt, bis sie zu dem weiten und öden Heideland kommt, wo keine Menschen wohnen, die zur Mosfellskirche gehören, und das für Schafe aus verschiedenen Kirchspielen als Sommeralm dient. Man pflegt alle diese unbewohnten Gebiete zusammenfassend Mosfellsheide zu nennen.

Eine ganze Weile meinte das Mädchen, sie sei auf dem Heimweg zum Pfarrhof, und es war ihr, als könne sie in der Landschaft einiges halbwegs wiedererkennen, was ihr recht zu geben schien, bis sie mit einem Mal entdeckt, daß sie nun schon zweimal nacheinander zum gleichen Stein zurückkommt, zur gleichen Bachwindung oder zur gleichen Bodenerhebung. Da fängt sie an unruhig zu werden. Kurz und gut: das Mädchen irrt die ganze Nacht im Gebirge umher, fern jeder menschlichen Wohnung.

Zu der Zeit, da sich das ereignete, so fährt das Wochenblatt Öldin fort, war man dabei, die alte Kirche in Mosfell abzubrechen, und zu diesem Zweck waren schon in aller Frühe Zimmerleute gekommen, und es herrschte eine große Geschäftigkeit; die Pfarrfrau war bereits abgereist, und der Pfarrer war dabei, sich auf seine Abreise vorzubereiten, und niemand dachte offenbar daran, daß kein Brot da war. Als man dann dahinterkam, daß außerdem auch ein Mädchen fehlte, ahnte niemand, daß sie ins Gebirge hinaufgestiegen war.

Anfangs glaubte man, sie habe ihre Verwandten weiter unten im Kirchspiel besucht. Beim Nachforschen zeigte es sich jedoch, daß das nicht der Fall war, und als sich der Nebel droben in den Bergen etwas lichtete, kam man zu dem Schluß, das Mädchen müsse sich verirrt haben. Am dritten Tag machte sich eine Suchmannschaft aus dem Kirchspiel auf den Weg, das Mädchen zu suchen. Am Morgen des vierten Tages fand man auf einem Fleck Erde weit draußen in der Öde die erste Spur von ihr, und gegen Mittag fand man dann sie selbst schlafend auf einer mit Heidekraut bewachsenen Anhöhe nahe beim sogenannten Heinglafjöll. Nicht weit davon auf einem Stück nackten Boden hatte sie mit dem Finger ihre Initialen G.J. in die weiche Erde geschrieben, einige sagen, dazu auch noch so etwas wie ein kurzes Testament.

Inzwischen begann der Nebel sich langsam zu lichten. Zwei Bauern, Nachbarn des Mädchens, fanden sie da, wo sie, den Broteimer neben sich und die Hand fest um dessen Henkel geschlossen, schlief. Die Bauern weckten das Mädchen aus dem Schlaf. Aber als sie sie mit Mühe und Not wachkriegten, geschah es, daß sie die Männer nicht erkannte, sondern schreckgeschlagen mit einem Schrei auffuhr und, so schnell sie konnte, mit dem Broteimer in der Hand davonlief. So verwirrt war sie noch, daß sie nicht nur der Meinung war, sie habe diese ihr eigentlich wohlbekannten Gesichter noch nie gesehen, sondern daß sie glaubte, es seien Vogelfreie oder Wikinger, die da gekommen waren, ihr das Brot zu rauben und sie selbst totzuschlagen. Und obwohl es damit endete, daß die Männer sie einholten und festhalten konnten, setzte sie sich gegen sie zur Wehr und zeigte sogar nach den drei Tagen ihres Umherirrens, daß sie noch ganz bei Kräften war. Es muß erwähnt werden, daß man im Mosfellsdal dieser Gudrun Jónsdóttir nachsagt, sie sei so stark, daß sie es bei jeder beliebigen Kraftprobe mit einem Mann oder gar mit noch mehr aufnehmen könne. So brachte sie auch da oben auf der Heide die beiden Männer zweimal zu Boden, ehe diese sie übermannen konnten. Danach führten die Bauern das Mädchen querfeldein über die Mosfellsheide, bis sie in die Nähe von Bringurnar kamen, dem letzten Hof im oberen Mosfellsdal; dort hatte sich der Nebel schon etwas verzogen, der Himmel aber war noch nicht zu sehen.

Das Mädchen stand diesen Männern weder Rede noch Antwort, obwohl diese sich angelegentlich nach dem erkundigten, was ihr widerfahren war. Auch zum Essen wollte sie nichts von ihnen annehmen, sagte, sie habe während der drei Tage und drei Nächte genügend Regenwasser von den Steinen auf der Erde zu sich nehmen können und verspüre keinen Hunger. Als sie an den Rand der Heide gekommen waren, strahlte die Sonne, und man konnte weit über das Meer hinaussehen. Nach und nach wurden die Kleider des Mädchens nach der Nässe der drei feuchten Tage trocken; aber Schuhe und

Strümpfe hatte sie verloren. Allmählich beginnt sie die Männer, die sie eingefangen hatten, zu erkennen und sieht, daß es ihre Nachbarn und Freunde sind.

Das Brot, nach dem das Mädchen ausgeschickt worden war, lag noch unberührt in ihrem Holzeimer.

Die Mosfellskirche erbt

Gyra et reversa me per circuitum

Diese Frau Jónsdóttir aus dem Mosfellsdal, sie kannte der Schreibkundige, der jetzt seine Feder ins Tintenfaß taucht, bereits zu der Zeit, da er noch Milchmann im obengenannten Kirchspiel war und sich mit vollen Milchkannen um vier Uhr in der Nacht auf den Weg machte, um seine Milch drunten im Süden zu verkaufen, und er sich sonntags als Ersatzmann für den Kirchengesang bereithielt. Aber auch zu dieser Zeit war dieses Mädchen längst schon eine alternde Frau geworden. Jahrzehnte später trifft ebendieser Milchkutscher ebendieses Mädchen wieder und fragt nun die Frau:

»Meinst du nicht, Gudrun, daß es ziemlich hart für dich war, als es damals danach aussah, als müßtest du nun für den Rest deines Lebens Tag für Tag auf der Mosfellsheide umherirren?«

Darauf sagt die Frau: »Na, hat nicht der selige Pastor Johann sich die ganze Zeit damit abgequält, zu verkünden: Dreh dich im Kreis und dreh dich noch einmal im Kreis. Bis in alle Ewigkeit. An einem Mittwochabend verirrte ich mich drunten im Kirchspiel im Nebel, ging nach Süden anstatt nach Norden und darauf nach Osten statt nach Westen.«

Frage: »Hattest du nicht schon jede Hoffnung aufgegeben?«

Antwort: »Ich hoffte mindestens, es werde nicht so schiefgehen, daß ich nicht mehr rechtzeitig heimkäme, um den Pfarrer am kommenden Sonntag in der Mosfellskirche den Segen zum zweitenmal sprechen zu hören.«

»Hast du das geschafft?« frage ich.

»Kein Mensch hat es geschafft, weder die Toten noch die Lebenden. Weil in den Tagen, da ich im Gebirge oben herumirrte, die Kirche in Mosfell abgerissen wurde.«

»Und du hattest nicht ein klein bißchen Angst?«

»Aber nein, weshalb sollte ich auch Angst haben? Da gab's nicht viel zu fürchten. Der Nebel konnte nicht mehr dichter werden, als er eh schon war, jedenfalls nicht mitten im Frühjahr. Vielleicht fror mich in der ersten Nacht ein wenig, weil ich bis auf die Haut naß war; aber am Tag darauf wurde ich wieder warm, und ich lachte mich selbst aus, weil ich den ganzen Tag im Kreis herumlief. Darauf dachte ich am Abend, ich sei überhaupt nicht mehr recht bei Trost. Am nächsten Morgen bei Sonnenaufgang sah es dann ein ganz klein wenig danach aus, als wolle es sich aufhellen; aber auch damit war es dann gleich wieder vorbei. Und so ging ich dann auch an diesem Tag immer wieder im Kreis herum. Ja, gibt es denn überhaupt noch einen Trottel wie mich!«

Frage: »Stimmt es, daß du damals im Nebel dein Testament machtest?«

»Da gab es wahrhaftig nicht viel zum Testamentmachen«, sagt Gudrun Jónsdóttir. »Ich hatte drei armselige Lämmer. Das war alles. Na, aber in der ersten Nacht gelobte ich dann doch, der Mosfellskirche eines davon zu geben, falls ich nicht vor Gott und den Menschen die

Schande beginge, mitten im Frühjahr droben auf der Heide zu erfrieren.«

»Glaubst du, daß das geholfen hat?« frage ich.

Die Frau: »Was sollte das schon helfen? Das half genau gar nichts. Selbstverständlich war die Mosfellskirche nicht so dumm, daß es ihr eingefallen wäre, mir ein Lamm abzukaufen. In der nächsten Nacht versprach ich der Mosfellskirche noch ein Lamm dazu, ohne damit zu rechnen, daß ich dafür mein Leben behalten dürfte. Jetzt fing ich aber an, so halb und halb mich damit abzufinden, ich könnte vielleicht nicht mehr heimkommen. Wie aber sollte dann die Kirche wissen, daß ich ihr die Lämmer geschenkt hatte? Wenn nicht ein einziger Buchstabe geschrieben worden ist und ich niemals nach Hause komme, wer wird dann die verflixten armen Lämmer mitlaufen lassen? Erben habe ich ja keine. In der letzten Nacht machte ich mich dann daran, mit dem Finger in die weiche Erde zu schreiben: Die Lämmer gehören der Mosfellskirche. Dann setzte ich meine Anfangsbuchstaben darunter: G.J. Darauf ging ich auf eine Anhöhe hinauf, wo Heidekraut und Moos wuchs und war ganz zufrieden, denn nun hatte ich ja alle meine Lämmer schriftlich verschenkt, ohne damit zu rechnen, je dafür einmal etwas zu bekommen. Ich war froh, daß es die Mosfellskirche war, die meine armen Lämmlein bekommen hatte, denn sie ist und bleibt meine Kirche. Und damit legte ich mich schlafen.«

Darauf wollte der Junge gern wissen, wie es dazu kam, daß die Frau die Beine unter den Arm nahm und davonlief, als die Männer sie weckten.

»Na ja, ich schlief gerade so gut«, sagte die Frau. »In meinem ganzen elenden Leben habe ich nie besser geschlafen. Schlief wie ein Stein, mein Bürschlein. Sie spielten mir den Possen, mich aus dem besten Schlaf zu reißen.«

»Ist denn etwas an dem Gerede, du habest dich gegen deine guten Freunde und Nachbarn zur Wehr gesetzt, nachdem sie dich endlich gefunden hatten und dich nun heimbringen wollten?«

»Es war mir ein wenig sonderbar zumute, als ich aufwachte«, sagte die Frau. »Ich konnte die Nasen der armen Burschen nicht erkennen. Woher weißt du denn das überhaupt, mein Freundchen? Wer hausiert denn hier im Kirchspiel mit derlei Lügengeschichten?«

»Und soviel ich gehört habe, wolltest du nicht einmal Kaffee mit ihnen trinken?«

»Na, Kaffee ist ja nun nicht gerade so gesund.«

»Warst du denn nicht etwas hungrig geworden?«

»Man kann doch nicht die ganze Zeit essen«, sagte die Frau. »Das ist eine schlechte Angewohnheit.«

Schließlich fragte ich die Frau, ob nicht, wie manche meinten, das Merkwürdigste an der ganzen Geschichte das sei, daß sie sich die ganze Zeit von dem frischgebakkenen Schwarzbrot, das sie während der langen Wanderung, tage- und nächtelang über Berge und Einöden, mit sich herumgetragen habe, nicht ein Stück abbrach. Ein solches Brot wiege ja sechs Pfund und müßte genug Wochenproviant für einen Menschen oder gar für zwei sein; es könne sogar noch länger als eine Woche reichen, wenn man damit haushalte. Wie verblüffte da die Frau, als sie solche Absurditäten hörte, wie sie aus dem Mund dieses naseweisen Burschen kamen! Sie wurde beinahe böse: »Man ißt doch nicht selbst das Brot auf, das einem anvertraut wurde, mein Kleiner.«

»War es dir denn ganz einerlei, ob du am Leben bliebst oder starbst, wenn nur das Brot gerettet würde?« fragte der zuvor erwähnte Milch- und Tintenschlepper.

»Anvertraut ist anvertraut, und damit basta!« sagte darauf die Frau.

Frage: »Kann man es denn mit der Treue nicht auch zu weit treiben?«

Die Frau stellte die Gegenfrage: »Kann jemals jemand einem anderen als sich selbst die Treue halten?«

»Warst du, als du die Sonne wieder scheinen sahst, nicht trotzdem froh, daß du noch am Leben warst, Gudrun?«

Die Frau sagte, man sei selbstverständlich dankbar, wenn einem erlaubt werde, den Funken zu behalten, der in einem stecke; man danke aber auch dafür, ihn loszuwerden. »Meine Urgroßmutter hatte mit dem Sterben die größte Beschwer«, sagte sie. »Schließlich mußte man ihr einen umgestülpten Topf über das Gesicht legen, wie man es damals bei Leuten zu tun pflegte, die nicht sterben konnten.«

Aber als die Verirrung hinter ihnen lag und sie an den Rand der Heide gelangten, da war der Nebel weg, und die Welt lag wieder friedlich da, mit Sonne und allem.

Zu jener Zeit pflegte man sich etwas lyrischer auszudrücken als heute, und ich fragte die Frau, ob dies denn nicht ›wunderbar‹ gewesen sei. Ich fürchtete, sie werde dieses Wort nicht verstehen. Wie es so allmählich heller und heller geworden sei, sagte die Frau, habe sie lange Zeit nicht gewußt, wo sie eigentlich war; weshalb sie sich mit den beiden Kerlen herumgetrieben habe. Plötzlich lag die Welt strahlend da, in ihrem schönsten Glanz. Der Nebel hatte sich verzogen. Das erste, was das Mädchen wiedererkannte, war der Himmel. Dann sah sie in der Ferne etwas, was sie sofort auch wiedererkannte, und das war das Meer. Darauf sah sie das Mosfellsdal, ihr Heimatkirchspiel, wie es, wie immer schon, drunten vor der Heide ausgebreitet lag. Und endlich erkannte sie auch die Nasen dieser beiden Burschen wieder. »Und just in diesem Augenblick kriegte ich plötzlich Lust auf Kaffee.«

Der Unterzeichnete hat später oft an das Brot gedacht; sicher hätten viele Appetit auf solch ein Brot gehabt. »Was geschah eigentlich mit dem Brot?« frage ich.

»Oh, daran kann ich mich wahrhaftig nicht mehr erinnern«, sagt das Mädchen Gudrun Jónsdóttir, das inzwischen eine alte Frau mit bleichen Backen geworden ist. »Vielleicht haben es die Pferde bekommen. Die Mähren standen ja halbverhungert auf dem Hofplatz, die eine an den Schwanz der anderen gebunden, und warteten darauf, daß ihnen die Bretter aus der Mosfellskirche aufgeladen werden sollten.«

Zwei Unterschriften

Wegen der allzu ausgiebigen Beschäftigung mit anderen Dingen ist es versäumt worden, in diesem Text hier davon zu berichten, wie die Lágafellskirche von Tag zu Tag höher gen Himmel wuchs. Aber obwohl diese Kirche immer mächtiger wurde, zögerten die hohen Herren im Süden noch immer, die Mosfellskirche endgültig abzuschreiben. Vielleicht hat dieses Hinausschieben dazu beigetragen, Ólaf von Hrísbrú in seinem Vertrauen zum Landeshauptmann und in der Hoffnung zu bestärken, daß dieser Hauptmann dabei sei, mit dem Bischof ein Hühnchen zu rupfen, und es ihm gelingen möge, ›diese Satane‹ doch noch auf den Weg der Vernunft zu bringen. Nun fehlte es allerdings spürbar an Leuten, mit denen man sich herumstreiten konnte; im übrigen wurde auch gesagt, der Bauer Ólaf habe sich an den Vorsteher des Kirchengemeinderats der Mosfellskirche, Kolbein in Kollafjord, gewandt und habe bei ihm darüber Klage geführt, es mache keinen Spaß, die Sense immer hochzuhalten, ohne daß jemand komme, dem man den Hieb versetzen könne. Als er fragte, ob es nicht eines Versuches wert wäre, daß alle diejenigen, die den Brief an den Landeshauptmann unterschrieben hatten, an das Gebälk der Lágafellskirche Feuer legten, bevor noch der Bau vollendet sei, da kam Kolbein von Kollafjord mit Zweifeln, meinte, das sei jetzt zu spät. Da wurde es Ólaf klar, daß der Kirchengemeinderatsvorsteher in der Sache genauso wie alle anderen versagt habe.

»Alle seid ihr feige Buben, ausgenommen Skammkell«, zitierte der Bauer Kolbein aus der Njálssaga.

Der Bauer Ólaf antwortete darauf, wieder gemäß derselben Überlieferung, und sagte, daß die Männer, die die Anklage wegen der Verbrennung Njáls und seiner Söhne erheben sollten, schließlich keinen anderen Ausweg mehr hatten, als Beistand bei Merdi Valgardsson zu suchen, ausgerechnet bei dem Mann also, der Njáls Verbrennung auf dem Scheiterhaufen veranlaßt hatte; dies vor Augen, habe er, Ólaf von Hrísbrú, Kolbein auf Kolafjord aufgesucht.

»Was also willst du nun von mir, mein Ólaf, das ich tun und sagen soll?« fragte der Kirchengemeinderatsvorsteher.

Der Bauer antwortete ihm, er halte es für ratsam, daß sie, die Mosfellsdalbewohner, in einem neuen Brief den Landeshauptmann fragen sollten, ob man diese baufällige Hütte von einer Kirche in Mosfell nicht auf ihre eigenen Kosten stehen lassen könne, wenn sie das wünschten; man könne ja dann, wenn es sich als notwendig erweisen sollte, ein billiges Pfäfflein aus der Stadt engagieren, das einen gegen eine Gebühr von ungefähr 50 Öre pro Leiche und einem warmen Kaffee dazu begrabe.

Diese Unterhaltung führte dazu, daß vom Pfarramt Mosfell noch ein weiterer Brief abgeschickt wurde. Diesmal ging er an das Bezirksting der Kjalarnespropstei. In diesem Brief bitten die Kirchspielbewohner, die zur Mosfellskirche gehören, in der Hoffnung auf das Wohlwollen des Herrn Bischofs noch einmal darum, daß ihre alte und morsche Kirchspielkirche so lange nicht ganz abgerissen werde – wenn Gott es so wolle –, solange noch alte Männer am Leben seien. Sie baten auch darum, die Kirchenbehörden sollten keine Einwendungen dagegen machen, wenn in dieser Kirche ab und zu auf Kosten der Kirchspielbauern von Mosfell Gottesdienste abgehalten würden, und daß den genannten Bauern und ihren Frauen und anderen Angehörigen ihres Hausstandes danach erlaubt werde, im Kräutergarten der Gotteskinder, der zu der oft- und obenerwähnten Kirche gehöre, ihre Ruhe zu finden.

Dieses Gesuch, von dem hier die Rede ist – was den Inhalt betrifft, augenscheinlich auf Anregung des alten Ólaf auf Hrísbrú formuliert, jedoch wahrscheinlich geschrieben von Kolbein Eyólfsson –, ist noch heute in einem kurzgefaßten Auszug im Protokoll des Kjalarnestings vom Jahre 1888 zu lesen, der wie folgt lautet: ›Es wurde ein Brief von Kirchengemeinderatsmitgliedern der Mosfellskirche vorgelegt mit dem Ersuchen, daß die Mosfellskirche weiterhin stehen bleiben solle und daß allgemeine kirchliche Dienste dort stattfinden möchten. Der Brief trägt als Unterschrift zwei Namen.‹

Diese beiden Namen werden im Protokoll der Bezirksversammlung nicht angegeben. In einer beschädigten Abschrift dieses Briefes, die sich noch zu der Zeit, da heute noch lebende Menschen geboren wurden, im Gewahrsam eines alten Kirchspielbewohners befand, konnte man die Namen unter dem Dokument noch lesen:

1. Ólaf Magnússon, Hrísbrú, Hofbesitzer
2. Gudrun Jónsdóttir, Dienstmädchen

»Meine beste Gudrun, weshalb hast du dich nur darauf eingelassen, zusammen mit dem seligen Ólaf auf Hrísbrú einen derartigen Brief zu unterschreiben?«

Gudrun sprach die ganze Zeit mit der gleichen Lautstärke, wie sie bei Schwerhörigen angebracht ist: »Ach, dieser arme Einfaltspinsel hat mir einmal seinen Sohn, diesen Jammerlappen Bogi, angeboten; da glaubte ich dann, ich sollte ihm doch ein wenig dankbar dafür sein, obwohl ich lieber tot umfallen wollte, als mich in die Sklaverei des alten Bogi auf Hrísbrú oder irgendeines anderen sogenannten Mannsbildes zu begeben.«

»Und was sagte denn dein Pfarrer Pastor Johann dazu, als er von der Versammlung der Pfarrer kam und gesehen hatte, daß du einen Brief gegen ihn unterschrieben hattest?«

Gudrun Jónsdóttirs Antwort: »Zwei sind auf jeden Fall zwei – und darauf zeigt er auf sich selbst und sagte: ›Hier ist der Stellvertreter für den Dritten. Aber der Dritte unterschreibt nie. Er ist bloß da.‹«

Frage: Wen meinte er mit dem Dritten?

(G.J.): Pastor Johann sprach niemals mit jemand über irgend etwas, ausgenommen mit dem Mann über uns. Wenn er mit den Leuten sprach, so war es immer der Mann über uns, von dem die Rede war. Und auch wenn er mit der Madame sprach, sprach er von dem Mann über uns; es ließ auch gar nicht lange auf sich warten, bis sie ihn im Süden zum Domkirchenpfarrer machten. Er zog sich jedoch in jenem Frühjahr eine Zeitlang aus dem Pfarrberuf zurück, weil seine Frau krank war. Pastor Johann ging nie nach Lágafell, obwohl er daran gedacht hatte, dort einen billigen Pfarrhof unterhalten zu können. Er zog nach Kopenhagen, um dort für Madame eine ärztliche Behandlung bis zu ihrem Tod zu finden.

Frage: Sagte er auch nichts, als er hörte, daß du als Zugabe zum Brief an die Pröpste der Mosfellskirche deine Lämmer testamentarisch vermacht hattest?

(G.J.): Nie ist es einem Kauz in Moskó so mistegal gewesen, wo die Kirche lag, wie Pastor Johann. Als er mir Lebewohl sagte, gab er mir ein Goldstück.

Frage: Er war natürlich begeistert, als du mit dem Brot zurückkamst, ohne es angerührt zu haben?

(G.J.): Pastor Johann! Nein, zum Henker, das war er nicht! Ihn freute jedoch auch etwas anderes nicht. (NB. Sie nahm das Wort ›begeistert‹ nie in den Mund.) Pastor Johann sagte nur: »Gib uns unser täglich Brot heute«, und gab das Brot den Pferden. Ich sage darauf zu Pastor Johann: »Das war genau das Richtige; was wäre es doch für ein Unsinn, der großen Gunna ein Goldstück zu geben! Was soll denn ein solcher Dummerjan mit einem Goldstück anfangen?«

Darauf sagt Pastor Johann: »Es ist mein einziges Goldstück. Es gehört dir. Sollte mir jemand noch einmal eines verehren, dann will ich dir auch dieses geben, mein gutes Kind. Doch ich bezweifle, daß mir Gott je noch einmal ein Goldstück zum Verschenken zukommen lassen wird.«

Keine Glocke

Drei Zimmerleute aus dem Süden brachen die Mosfellskirche mit ihren Brecheisen ab. Sie stapelten die alten Bretter mitsamt dem Mobiliar der Kirche vor der Kirchhofstür auf. Diese Arbeit wurde an einem einzigen Arbeitstag von sechs Uhr morgens bis drei Uhr nachmittags erledigt. Es gab keinerlei Feiern, als die Kirche ihren Kindern genommen wurde. Nicht einmal die beiden waren zur Stelle, die zuletzt noch ihretwegen einen Brief unterschrieben hatten. Ein gottesfürchtiger Mann wurde wegen seiner Bemerkung zitiert, selten habe der Heiland sich so leicht damit abgefunden, daß eine armselige Kirche dem Erdboden gleichgemacht wurde. Warum konnte man sie nicht einfach Wind und Wetter überlassen? Es gab auch Männer, die sagten: Da man vergessen habe, die Kirche ordnungsgemäß aufzulassen, werde sie nun fortan auf dem Gipfel einer Anhöhe im Himmel stehen. Übermütige Männer machten ein Gedicht über dieses Thema:

Es weiden drei Lämmer für immerdar
auf des Himmels berühmter Weide;
in der Morgensonne, wie immer es war,
lächelt lieblich eine Kirche im strahlenden Kleide.

Die Mosfellskirche ist's, samt ihrem Garten,
und darüber streut Duft die weißschimmernde Birke.
Und die Schafe, wie anders wär's zu erwarten,
sind Gudruns Schafe, die sie vermachte ihrer Mosfellskirche.

Um nun weiterhin diese Frau zu zitieren, so erzählte sie mir, daß alle damals hierzulande lebenden Männer, soweit sie auch nur im mindesten richtige Männer waren, natürlich nur die Mosfellskirche und absolut keine andere haben wollten. Bei etlichen mußte, seitdem die Kirche nach Lágafell verlegt worden war, die Kirchensteuer und ebenso die Abgabe für die Gräber jedes Jahr gepfändet werden. »Manche kamen überhaupt nicht mehr in die Kirche, nachdem die eigene Kirche abgebrochen war«, sagte die große Gudrun, »und das taten sie so lange, bis sie dann in horizontaler Lage durch die Türe der Lágafellskirche hineingetragen wurden und danach wieder hinaus zu einem fremden Friedhof. Einige fingen sogar an, das Blatt der Adventisten, das ›Samenkornblatt‹, zu kaufen. Ich habe Leute gekannt, die spazierten an Sommerabenden bei gutem Wetter nach dem Mosfell und setzten sich droben in den Kirchhof und lasen die Inschriften der alten Grabsteine, besonders die auf dem Gedenkstein des seligen Pfarrers und Dichters Magnus Grimsson, des ehemaligen Pfarrers im Mosfell. Die Grabschrift auf seinem Stein war so hübsch; er war es ja, der die Geschichte von Schneewittchen und den sieben Zwergen herausgegeben hatte, die so wunderschön ist. Schon als ich damals dann und wann hinkam, begann das Moos bereits die Buchstaben zu überwuchern, so daß man es mit den Nägeln wegkratzen mußte, wenn man lesen wollte, was da stand. Jetzt ist längst schon der ganze Gedenkstein vom Moos völlig zudeckt, doch ich weiß, wo er steht«, sagte Gudrun. »Er war es auch, der seinerzeit für die aus dem Osten die Gedenkrede gehalten hat, für die Männer, die nach Süden zur Winterfischerei unterwegs gewesen waren und in jenen berühmten Weihnachtstagen mit dem unerhörten Weihnachtswetter auf der Mosfellsheide erfroren. Ich habe dies aufgeschrieben, weil ich der Meinung bin, daß diese Heide mir gehört.«

Frage: Wenn nun alle zusammen mit dir und dem alten Ólaf auf Hrísbrú unterschrieben und alle damit gedroht hätten, in den Krieg zu ziehen, würde dann der Bischof nicht nachgegeben haben? Allein schon deshalb, weil inzwischen die Stimmung des Landeshauptmanns freundlicher geworden war.

(G.J.): Ich glaube wahrhaftig nicht, daß sie in den Krieg gezogen wären, diese Waschlappen; in keinem einzigen von diesen erbärmlichen Wichten steckte weder Mut noch ein richtiges Männerherz, den seligen Ólaf von Hrísbrú ausgenommen. Er wollte kämpfen wie ein Mann, der alte Haudegen. Nur fand er keinen Gegner, mit dem er sich schlagen konnte, und keinen, der sich ihm anschloß, außer seinem Sohn Bogi, dieser alten Schlafmütze, und außerdem hatte der ja auch nur eine Harke. Alle beteten und hofften sie, es möchte zum Krieg kommen, aber mit dem Mannesmut war es eben nicht weit her, nein, nicht die Spur!

Nun könnten manche glauben, jetzt sei die Geschichte bis zum bitteren Ende ausgestanden, und die obengenannte Kirche sei für immer in den Himmel versetzt worden, auf das grüne Feld. Aber weit entfernt! Die Geschichte fängt vielmehr jetzt erst richtig an. Im Frühjahr 1888 beginnt der eine oder andere ganz plötzlich zu fragen: Was ist eigentlich aus der Kirchenglocke im Mosfell geworden? Man hatte in dem Gerümpel, das zusammen mit den Brettern aus der Kirche auf die Anhöhe befördert worden war, keine Glocke gefunden. Die Zimmerleute wurden gefragt, wer von ihnen die Glocke weggebracht habe. Keiner wollte eine Glocke auch nur angerührt haben. Darauf beginnt man mit einem Kreuzverhör: War da vielleicht gar keine Glocke gewesen?

Erster Zimmermann: Es war schon eine Glocke da.

Zweiter Zimmermann: Tja, ich kann mich faktisch nicht mehr daran erinnern. Wahrscheinlich wird schon eine Glocke dagewesen sein. Aber vielleicht gab es auch gar keine Glocke.

Dritter Zimmermann: Zum Teufel, es muß ja wohl wenigstens eine einzige Satansglocke dagewesen sein!

Als man die Leute noch etwas mehr ausfragte, widersprachen sich alle. Sie wechselten von Mal zu Mal ganz plötzlich ihre Meinung. Zum Schluß hatte jeder von ihnen für und gegen jedes denkbare Indiz in der Sache argumentiert und unter Eid behauptet, daß sowohl eine Glocke als auch keine dagewesen sei.

Neue Frage: Aber der Kelch und anderes derartiges Zeug?

Antwort: Das mag ein anderer wissen.

Frage: Wer ist denn dieser andere?

Der großmaulige Zimmermann: Wer ist der andere? Wahrscheinlich der Teufel!

Drückte man sich damals so garstig aus? fragt der, mit dem G.J. sich unterhielt.

Gudrun Jónsdóttir: So haben sich diese elenden

Mannsleute doch schon immer benommen, bloß um sich Mut zu machen, weil sie ja doch zu nichts taugen.

Schließlich kam es dann an den Tag, daß Pastor Johann das Altarbild, die Leuchter und das Hostienfaß in den Chorrock und das Meßhemd gewickelt und den Packen zum verstorbenen Propst Toraren in Görda geschickt hatte; den Talar behielt Pastor Johann, da er sein privates Eigentum war. Jetzt aber schickt der Propst Toraren die Nachricht, daß unter den Sachen, die ihm zugesandt wurden, der Kelch nicht zu finden gewesen sei. Wo war der Kelch?

Ólaf von Hrísbrú sagte, als diese Angelegenheit zur Sprache kam, zu Kolbein in Kollafjord: »Wahrhaftig, von diesen Satanen konnte man sich ja nichts anderes erwarten, als daß sie am Ende noch das Inventar der Mosfellskirche stahlen. Von Pastor Johann jedoch, diesem Erzdieb, kann ich gut verstehen, daß er sich nicht dazu herabließ, eine so lächerliche Untertasse wie das Hostienfaß zu klauen.«

Wie es sich mit dem Kelch nun auch verhalten haben mag; im Kirchspiel ging überall die Rede, in der Nacht nach dem Abbruch der Mosfellskirche habe Pastor Johann dem Bauern Ólaf von Hrísbrú die Glocke übergeben und ihm vorgeschlagen, doch dann und wann, wenn er Langeweile habe, mit ihr zum Zeitvertreib zu glöckeln. Ich erzähle nur, was ich selbst gehört habe; aber man kann sich ja ganz gut denken, daß Pastor Johann der Güte Gottes zuliebe in dieser Sache ein Auge zugedrückt hat, so wie in vielen anderen auch.

Eine Kleinigkeit

Die Behörden kümmerten sich formell nie um das Verschwinden des Heiligtums, von dem oben berichtet wurde; man hielt es wohl nicht für der Mühe wert, daß die Öffentlichkeit, mehr als angebracht war, in ein Feuer blies, das im Kirchspiel kräftig gloste. So wurde zum Beispiel nie eine Anstalt getroffen, die Diebereien aufzuklären. Ab und zu konnte man flüstern hören, gute Männer hätten von noch besseren Männern einen Wink erhalten, sie sollten die Augen offenhalten, wenn sie im alten Mosfellskirchspiel an gewissen Höfen vorbeikämen. Gewiß drückten die meisten einfach ein Auge zu und ließen alles auf sich beruhen, denn es war ja nicht zu erwarten, daß angesehene Männer sich dazu herabließen, in Nachbars Misthaufen nach Heiligtümern zu schnüffeln.

Nachdem nun ihre Kirche eingesegnet und das Pfarramt Mosfell aus der Zahl der lebenden Ämter ausgeschieden war und von da an bis in alle Ewigkeit dort nie mehr das Wort Gottes zu holen war, dachten die Leute an ihre Glocke so wie jener Mann, dessen ganze Herde mit Ausnahme eines einzigen braunen Schafes von der Flut weggeschwemmt worden war; der Bauer packte dieses Schaf und schleuderte es mit der Bemerkung ins Meer, auch dieses sei, so wie die anderen, am besten beim Teufel aufgehoben.

Das Leben ging jetzt weiter, wie es eben am besten so gehen konnte, und die Leute vergessen die Mosfellskirche mitsamt Glocke und Kelch in dem täglichen Einerlei, das die heilenden Hände der Zeit begleitet. So war es auch seinerzeit geschehen, als viele Jahrhunderte zuvor diese nun schon so oft erwähnte Kirche in der papistischen Zeit den Kirchspielkindern weggenommen worden war und ihre Ländereien oben in den Bergen zum Weideland für die Schafe der Kirche in Terneyar im Sund erklärt worden waren und auch noch viel anderes Gut vor die Hunde ging. Als dann endlich der Heiland wieder zu sich selbst kam und ihnen die Mosfellskirche zurückgab, war inzwischen ein anderer Glaube ins Land eingezogen, und es gab nun keinen Heiligen mehr, den dänischen König und Luther ausgenommen. Alle hatten sie vergessen, welcher Heilige es war, dem ursprünglich diese Kirche gehört hatte, und viele waren der Meinung, dieser Heilige sei Egil Skallagrimsson gewesen.

Der Bericht kehrt nun zu dem Gespräch zurück, das der gegenwärtige Schreiber vor langer Zeit mit dem Mädchen Gudrun Jónsdóttir, der Großen, geführt hatte, aus dem inzwischen ein gebrechliches Kirchspielglied geworden war.

Ja, sie sei früher häufig auf dem Stutenarsch von Hof zu Hof gezogen und sei im ganzen Kirchspiel zu Hause gewesen.

»Nein, kam niemals über das Kirchspiel hinaus; reiste nur einmal zu einer Beerdigung nach Süden«, sagte sie. Sie legte großen Wert auf die Wollwäsche und das Abkochen von altem Urin, um die Wolle darin zu waschen; und im Frühjahr auf das Ausmisten des Winterstalls der Schafe und im Spätjahr selbstverständlich auf Schlachtfeste mit Blut bei den Leuten, bis hinauf über die Ellbogen, dazu auf Erntearbeit, eine Woche lang da und eine Woche lang dort, wo es eben gerade nötig war, den armen Menschenlämmern zu helfen; sie mähte immer, rührte jedoch nie einen Rechen an.

Wenn sie ›arme Menschenlämmer‹ sagte, meinte sie das gewöhnliche Volk, Leute wie mich und dich und die sie gut leiden konnte – jedoch nicht allzu gut: immer eingeladen und willkomen bei den Ärmsten, ja, das war sie. »Mir war gar nie recht wohl, wenn es nicht etwas so richtig zum Abrackern gab. Nein, nie seßhaft, nie Lohn. Taugte nur für Dreckarbeit. Mochte am besten Torfstechen leiden, wenn man dabei von Kopf bis Fuß mit Morast so verschmiert wurde, daß keine Spur einer menschlichen Fratze mehr an einem zu erkennen war. Man war von diesem reinen, guten Morast klatschnaß bis auf die Haut. Oder der herrliche Geruch von frischgestochenem Torf! Das ist die größte Freude, die ich kenne. Und im Winter gab es von dem getrockneten Torf nicht einmal einen widerlichen Rauch, wenn es eben ein guter Torf war.«

Frage: Hättest du eigentlich nie gern einen Mann gehabt?

»Nie mit irgendeinem geschlafen. Hahaha. War des Königs freie Arbeiterin, wie man so was nennt, mit einem Ausweis, obwohl manche seine Gültigkeit bezweifelten; vielleicht Schwindel. Besaß nur eine braune Stute, um drauf zu sitzen.«

Ich glaube, ich habe diese Nonne nie mehr als dieses eine Mal Stute sagen hören; sie sagte sonst immer Gaul, Klepper oder Biest; zuweilen auch Stutenarsch. Auf dieser Stute zog die Frau zu unbezahlter Saisonarbeit in der Welt herum und hatte auf dem Pferderücken ihr Daunenbett und einen Mantelsack mit dem Sonntagskleid samt einer Postille von Dr. theol. Herrn Pjetur Pjetursson, dem Bischof von Island, der die Mosfellskirche hatte abreißen lassen. An manchen Sonntagnachmittagen saß sie mit dem Buch da und buchstabierte und buchstabierte und wiegte dabei mit dem Oberkörper kräftig vor und zurück. Nie klagte Gudrun Jónsdóttir jemand von denen an, die ihr die Kirche weggenommen hatten. Als ich sie jedoch fragte, was sie von Pjetur Pjeturssons Postille gehalten habe, zuckte sie ein wenig mit den Schultern und sagte: »Tja, ein von allen guten Geistern verlassener Satan.« Die Stute war zu der Zeit, da ich mit der Frau zusammen saß und mit ihr plauderte, schon länger als ein Vierteljahrhundert tot. Trotzdem war die Stute eine der lebendigsten Stuten, von denen man je gehört hat, und dann und wann kam es mir vor, als sei sie trächtig.

Öfters ereignete es sich, daß G.J. auf ihrem Weg an Hrísbrú vorbeikam, wo die alten Knaster vor der Tür auf dem Hofplatz wie zu einem Tableau aufgestellt standen; aber nie boten sie ihr eine Arbeit an, sagte sie, und sie wollte sich ums Leben nie dahin verheiraten. Aber sie machte sich immer ein Vergnügen daraus, diese alten Knaupen aufzuziehen, die wie Nachttöpfe auf dem ausgedörrten Hofplatz standen, während vorbeireitende Reisende, ihre Gesprächspartner, bis an den Bauch der Pferde hinauf im Morast steckten.

»Einmal nun mußte ich, wie vorher schon so oft, auf meinem Fuchsen am Hofplatz von Hrísbrú vorbei, wo die alten Knaster wie üblich auf dem Hof stehen. Plötzlich sagt der borstige Alte, der selige Ólaf, guten Tag zu mir. Er pflegte sonst nie mit Gästen über sich und seine Angelegenheiten zu sprechen, dieser selige Ólaf. Die Fimmbjörg, sagte der Alte, denn er sagte nie anders als Fimmbjörg, die Fimmbjörg machte neulich so etwas wie eine Andeutung, daß die große Gunna das nächste Mal, wenn sie hier wieder vorbeikomme, hereinschauen wolle.«

Gudrun Jónsdóttir sagt, das sei ihr etwas merkwürdig vorgekommen. Schon von klein auf, sagte sie, war sie immer, ohne Aufenthalt zu machen, auf ihrem Weg hier vorbeigekommen, und nie war es passiert, daß man sie eingeladen hatte, ins Haus zu kommen. Daraus könne gefolgert werden, daß sie die verstorbene Fimmbjörg bis dato niemals zu Gesicht bekommen habe. Wie also konnte diese bettlägrige Alte wissen, daß ein Individuum wie Gunna, die man die Große nannte, überhaupt existierte? Hatte denn das alte Ripp, das ganze achtzehn Jahre lang im Sterben lag, nichts Wichtigeres zu tun, als an sie, die große Gunna, zu denken. (NB. Im Kirchspiel sprach man immer nur von achtzehn Jahren, obwohl jedes Jahr die Bettlägrigkeit der Frau um ein weiteres Jahr verlängert wurde.)

»Na, die alten Kracher sagen, ich soll auf die Schlammlöcher vor dem Hoftor achtgeben, von denen es heißt, sie gehörten zu einem uralten Sumpf, in den man seit den Tagen der Stúrlungasaga (12./13. Jahrhundert, d.Ü.) die Nachttöpfe hinein entleert habe. Ich erzähle nur, was mir andere erzählt haben. War man dann auf die andere Seite des bodenlosen Mistsumpfes gekommen und war damit außer Lebensgefahr, dann begann man sich durch das Erdlabyrinth zu tasten, das mit achtzehn Windungen in kohlrabenschwarzer Dunkelheit verlief, wenn auch die Leute, die zum Hof gehörten, selbstverständlich den Weg durch diese Teufelei aus und ein leicht wie am hellichten Tag finden konnten. Dann kam man an eine Tür, die auf einem Stück Seifenstein ruhte und hinter einem von selbst wieder zuschlug, ohne in ein Schloß zu schnappen. Und dann stand ich in der Badestube, von der die Leute sagten, da hinein sei noch niemand eingeladen worden!«

Nun erzählt Gudrun Jónsdóttir, daß man, wenn man erst einmal durch diesen verdammten Teufelsirrgang durchgeschlüpft war, in einer dreiteiligen Badestube stand: zwei Zellen mit Lehmboden zwischen den Vorderstücken des Bettes, und die glänzten, und nirgends gab es eine Unebenheit, während die vorderste Zelle ganz nahe am Giebelfenster etwas erhöht war und einen Bretterboden hatte. Dort stand das Bett der Frau unter einer schrägen Wand, so daß ihr, wenn sie aufrecht im Bett saß und strickte, das Licht über die linke Schulter fiel.

Da liegt sie also auf ihrer Falle, die alte Vettel, und liegt schon achtzehn Jahre lang da, dieses Ripp, was niemand wundern kann, da sie ja so lang mit dem seligen Ólaf verheiratet war. Oder richtiger gesagt, sie saß aufrecht in einem Lichtstreifen und versuchte einen Dreiecksschal zu stricken. Gudrun Jónsdóttir sagte mir, die Frau habe sie wie eine alte Bekannte angesehen und habe ihr Strickzeug auf den Querbalken gelegt und habe dann ganz selbstverständlich und ohne Umschweife gesagt – und das hätte dieses gesegnete Wesen doch gar nicht nötig gehabt –: »›Guten Tag, meine liebe Gunna‹, sagte sie, ›und willkommen!‹ ›Dank für deine Worte‹, sage ich darauf. Es war, als seien wir schon seit vielen Jahren alte Bekannte, und als hätten wir im letzten Jahr erst zum letztenmal miteinander gesprochen. Ob ich, zum Henker, hätte sehen können, daß mit der Alten etwas nicht ganz in Ordnung war? Der Teufel soll mich holen, wenn sie gelähmter war als ich, abgesehen davon, daß sie von ihrer Satansstrickerei etwas krumme Finger hatte, ich aber nicht. Ihre Füße sah ich nicht, und es mag gut sein, daß die etwas schwächer waren als die meinen. Und merkwürdig glatt waren ihre Backen in Anbetracht dessen, daß sie mit dem seligen Ólaf verheiratet war; viel jünger sah sie aus als ihre Schlingel von Söhnen. Gewiß war sie mit den Leuten nicht besonders gesprächig, das Ripp, nichts Unüberlegtes bei ihr. Aber sie war doch ganz erträglich, das arme Frauenzimmer; sprach vorsichtig. Vielleicht, daß sie irgendwann einmal etwas Schweres erlebt hat und das nun mit der Zeit etwas leichter geworden war. Es war, als besuche man eine Trollfrau. Und dann ruft sie nach ihrer Tochter Gunsa, die kurz vor der Heirat mit einem von der Südküste drunten stand, und sagt zu ihr: ›Sieh zu, daß du rasch etwas Kaffeewasser bringen kannst‹, denn das geschah so um die Sechsuhrkaffeezeit. Und dann kommt Gunsa mit einem unverdünnten Rahmkaffee, weiß Gott, in Blümchentassen, genau wie beim Trollvolk. Sie selbst langte in die Truhe, die neben ihr stand, und holte Zucker heraus, und es war kein steinharter Kandiszucker, der mir da serviert wurde, sondern echter Meliszucker, wie ihn Pastor Johann sonntags bekam. Es kam in meinem Leben nicht oft vor, daß mir etwas so Gutes in den Schoß fiel. Und dabei war es erst der Anfang, denn dann kamen pfannenheiße Pfannkuchen, dick und nahrhaft, und darauf eine wunderbare Süßspeise, so daß einem das Wasser im Mund zusammenlief, jawohl, es war etwas ganz anderes als der übliche steinharte Roggenzwieback. Nicht zu glauben, daß man im Mosfellskirchspiel war. Es erinnerte fast an die Höfe der Vogelfreien in der Odádálava, von denen man uns Kindern, als ich noch klein war, so viele schöne Geschichten erzählte.

Dann sage ich zu der Frau: ›Teufel noch mal, ob du bei so einem Leben nicht ganz und gar übermütig und stolz geworden ist!‹

›Na, es geht‹, sagt die Frau.

›Und du nimmst da ja die richtige Medizin! Zweifellos‹, sage ich.

›Auf jeden Fall habe ich es bis jetzt noch nicht nötig gehabt, beim alten Fuse hier eine Mistkur zu machen. Dagegen sage ich die ganze Zeit die Gedichte des verstorbenen Pastors Jón Torláksson in Baesá für mich auf, der der Bruder meiner Großmutter war.‹

(G.J.): ›Ja, das ist gar nicht dumm, wenn man ein gutes Lied auswendig kann‹, sage ich darauf; ›besonders wenn man es am rechten Ort und zur rechten Zeit aufsagt. Aber es wird ja wohl auch nicht mehr lange dauern, bis du wieder aufstehen kannst.‹«

Doch dem schenkt die Frau weiter kein Gehör, sondern sagt einen Augenblick später zu dem Mädchen: »Es kommt dir offenbar nicht so merkwürdig vor und du scheinst nicht überrascht zu sein, wenn ein Mensch wie ich anfängt, Leute zu mir hereinzurufen.«

(G.J.): »Ja, das darfst du schon sagen, mein Mütterchen; aber gehört denn Gunna, die Große, nun zu den Leuten?«

Die Frau beachtete eine solche Schauspielerei und ein solches Geplauder, das man nur zum Schein führt, nicht mehr länger, sondern spricht nun so, wie Elfenfrauen zu sprechen pflegten, wenn sie in alten Zeiten mit den Menschen sprachen: »Ich habe dich immer im Auge behalten, kleine Gunna, seit der Zeit, da du ein kleines Mädchen warst. Nun werde ich dir einen Vers aufsagen, und den sollst du auswendig lernen und ihn dir selbst vorsagen, wenn auch du einmal bettlägrig wirst.«

Der Schreiber fragt Gudrun (vierzig Jahre später) an dieser Stelle: Und hast du den Vers auswendig gelernt?

(G.J.): Nein, der Teufel hole mich, wenn ich das tat. Und dennoch.

Frage: War es ein guter Vers?

(G.J.): Ne, es war ein elendes Gejammer, das haargenau dem alten Habenichts da oben im Norden gleichsah, dem Pastor Jón von Baesá. Die Versemacher flennen die ganze Zeit über die Welt, weil sie ihnen nicht gut genug ist; aber das kommt nur davon her, daß sie nicht in die Torfgruben gehen. Hoffentlich fängt man an, Verse zu verstehen, wenn man einmal altersschwach wird. Aber am liebsten sollen Verse einem Vergnügen machen, wie zum Beispiel das Lied von Gröndal über den Alten in Spónsgerdi.

Die Hrísbrúfrau flüstert weiter in der Art der Elfen und sagt zu dem Mädchen: »Ich habe gehört, daß man es riskieren kann, dir eine Kleinigkeit anzuvertrauen.«

»Davon hat man bis jetzt noch nicht viel gesehen«, sagt Gudrun Jónsdóttir, daß sie damals geantwortet habe. Sie dämpfte nie ihre Stimme, auch nicht, wenn andere flüsterten, sondern sprach immer mit der gleichen Lautstärke.

Finnbjörg fährt flüsternd fort: »Ich hoffe und bete die ganze Zeit, daß ich bald der Welt ade sagen darf, mir kommt es allmählich so vor, als ob es sich allzu lang hinauszieht. Ich habe keine Kraft mehr in mir. Schon seit langem kenne ich mich selbst nicht mehr; und ich habe es auch nur kurze Zeit getan, jetzt aber ist es aus. Doch hier habe ich noch eine Kleinigkeit bei mir versteckt.«

Und damit fängt die Frau an, am Kopfende des Bettes herumzukramen, und findet schließlich ein umfangreiches Paket, das in ein Kopftuch aus Satin eingeknüpft ist. Es war aus jener weichen Seide, die sich sofort wieder streckt, wenn sie zerknittert wird, und die vor langer Zeit hierher importiert worden war und kein Humbug oder Schwindel wie das war, was man heutzutage einführt. Und die Frau holt mit ihren schwachen Händen den Kelch der Mosfellskirche unter dem Kopfpolster ihres Bettes hervor: »Bitteschön!«

Als Gudrun Jónsdóttir gefragt wurde, ob sie sicher gewesen sei, daß es auch der richtige Kelch gewesen war, und ob es denn nicht ein falscher hätte sein können, da war sie so verblüfft, daß sie beinahe zornig wurde: »Schon als Kind habe ich während der Messe so oft dieses Teufelsding angegafft, wie es da oben auf dem Altar stand und in der Sonne glänzte, bis ich schließlich einschlief. Außerdem trank ich aus ihm, als ich konfirmiert wurde und zum Abendmahl ging. Ja, da stand er denn nun wieder leibhaftig vor mir, dieser Teufelskelch, so wahr ich lebe!«

Gudrun fährt fort und der Schreiber notiert: Irgendwie habe die arme Frau sich in den Kopf gesetzt, daß sie, Gudrun, die einzige Person im Mosfellsdal, die weder einen Kasten noch einen Koffer hatte, geschweige denn irgend etwas, was man in einem Kasten oder Koffer hätte aufheben können, daß ausgerechnet ein solcher Nichtsnutz von Frau nun geeignet sein solle, Kostbarkeiten aufzubewahren und dazu noch der Hehler für Diebe zu sein, für Diebe, die obendrein noch in einer Kirche gestohlen hatten, was ja ein doppelter Diebstahl ist, und daß sie dann Rechenschaft abgeben solle, sowohl vor den dummen Menschenlämmern hier als auch vor ihm, dem Mann da oben. »Du bist nicht recht gescheit, Finnbjörg, sage ich, wenn du glaubst, daß ich mit meinen Pfoten diese Spülgelte nur auch berühren werde. Man wird mich dem Amtsrichter vorführen. Man wird mich ins Kittchen bringen. Und wer soll dann auf dieses Teufelsstück von einem Kelch aufpassen, wenn ich im Loch sitze? Er, Kolbein in Kollafjord, und die anderen großen Herren werden natürlich sofort damit zur Lágafellskirche rennen.«

»Er, der alte Mann da oben, hat sicher seiner Lebtage lang nicht gerade wenige von der Art gesehen wie unseren Kolbein und die großen Herren von hier«, sagt die Hausfrau Finnbjörg.

»Davon kann nicht die Rede sein«, sagt Gudrun Jónsdóttir. »Zum Henker, wenn ich es tue! Eher sollen alle Hügel hier im Mosfellsdal in den Himmel hüpfen und alle Senken in die Hölle versinken, das kann ich dir sagen.«

»Auch dieses seidene Halstuch da sollst du haben«, sagt Finnbjörg Finnsdóttir. »Es stammt aus dem Nachlaß meiner seligen Großmutter, die eine Schwester des Nationaldichters in Baesá war, des verstorbenen Jón Torláksson.«

An dieser Stelle nimmt Gudrun Jónsdóttir eine Prise Schnupftabak zu sich, um anzuzeigen, daß jetzt mit der Geschichte Schluß gemacht werden müsse.

Der Unterzeichnete hatte den Eindruck, daß der Bericht über diese beiden Kirchspielfrauen, die nur dieses eine Mal und später nie wieder miteinander sprachen, einigermaßen erschöpft war. Was waren diese beiden Kirchspielfrauen im Grunde doch für Weltkinder! Ich wartete und wartete, doch eine Fortsetzung blieb aus.

»Du hast vergessen, die Geschichte zu Ende zu erzählen«, sage ich schließlich. »Wie ging es weiter?«

»Weiter? Es ging überhaupt nicht. Es ging eben, wie es ging. Selbstverständlich nahm ich den Kelch in meine Obhut.«

Frage: »Und willst du ihn für den Rest deines Lebens behalten?«

»Das mindeste, was der, dem er gehört, tun kann, ist, daß er ihn bei mir abholt, wann es ihm paßt«, antwortete Gudrun Jónsdóttir.

Die Geschichte des Fuhrmanns

Jetzt wird der Bericht ›nach Süden‹ verlegt, wie man im Mosfellskirchspiel sagt, wenn von der Hauptstadt die Rede ist.

In alten Tagen lag ein winziges Steinhaus, das bis hinauf zum First kaum mannshoch war, in einem kleinen Küchengarten an der Ecke Bergstadsweg und Baldurstraße gerade der ›Wasserameise‹ gegenüber, wo die Seeschwalbe lebt. Den Küchengarten umgab ein kleines Steinmäuerchen, das etwa kniehoch war. Im Küchengarten wuchs Ackergauchheil. Auf der Rückseite stand das Wasserfaß. Dieses Haus gehörte Stuttaláka, der, wenn man von ihm sprach, Öskuláka (Aschenláka, d.Ü.) genannt wurde, jedoch nur Láka, wenn man ihn anredete, Torláka jedoch in öffentlichen Dokumenten.

Láka, der in diesem Haus wohnte, war ein schmächtiger Mann. Er wohnte für sich allein. Irgendwie war er zu diesem Steinhaus gekommen. Zum Haus gehörte ein mit Kisten angefüllter Beischlag und eine Küche; und es gab einen qualmenden Ölherd, und weiter hinten im Haus war der Verschlag, wo er schlief.

Nicht alle hatten in jener Zeit großes Geld. Dafür waren die 25-Eyre-Stücke und sogar auch die 10-Eyre-

Stücke aus Silber. Niemand wurde damals arm genannt, es sei denn, er erhielt Kirchspielhilfe aufgrund einer totalen Paralyse oder wenn er mindestens an Dementia praecox litt. Andererseits war Láka ein freier Mann, denn er hatte sich seinen Lebensweg selbst gestaltet. Er hatte sich einen Schubkarren gebastelt von der Art, wie ihn die Chaldäer erfanden, einige Jahrhunderte nachdem sie die Astrologie erfunden hatten; und mit diesem Schubkarren schaffte er den Leuten ihre Asche und ähnliches weg. Die Asche holte er jeweils an den Hintertüren ab und fuhr sie bedächtig, fast salbungsvoll, zur ›Wasserameise‹ hinab, wo er seinen Schubkarren auf einem Müllplatz umkippte, der von den Behörden der Stadt dafür vorgeschrieben war. An diesem Platz wurde später Islands Universität mit den dazugehörigen Kulturinstitutionen erbaut, denen noch viele folgen werden. Die Aschenabfuhr kostete 25 Eyre per Haus, 10 für kleinere Reste. Der Fuhrmann ließ sich bar bezahlen. Jede einzelne Münze wickelte er in ein Stück Papier, damit sie nicht beschädigt wurde. Er stand morgens um fünf Uhr auf und war oft noch spät am Abend unterwegs. Er war klapperdürr, obwohl es ihm an Schwarzbrot nicht fehlte, das er von der Bäckerei für die Abfuhr der Asche bekam, während alte Fischer, die er kannte, ihm am Strand immer wieder einen Fisch zusteckten.

Es ist mir nie zu Ohren gekommen, daß irgendwer mit diesem Mann nur auch ein einziges Wort gewechselt hätte, nur die Gassenjungen riefen ihm, wenn sie ihn sahen, »hihi Stuttaláka, hihi Öskuláka« nach. Zum Glück hatte er ein schlechtes Gehör. Ob da nicht einmal etwas mit einem Mädchen gewesen war, mit dem er sich einen halben Sommer lang herumgetrieben hatte, solange er damals auf Kjalarnes während seiner Ferien als Schnitter arbeitete? Die Krähe ist auf Island noch nicht geboren, die nicht ihresgleichen finden kann, denn alle Menschen, Frauen wie Männer, leben in Gottes Gnade. Diese Frau hieß Sólrún und war aus dem Nordland. Nur wenige wissen etwas von dieser Geschichte, dennoch sickerte es mit der Zeit durch, Óskuláka sei droben im Nordland als Kindsvater in die Bücher eingetragen, wahrscheinlich in Eyafjord, von wo die großen Dichter kommen.

Die Zeit vergeht, und bald sind sechs Jahre seit jenem Sommer verstrichen, da Stuttaláka nach Kjalarnes zog. Dann ereignete sich eines schönen Tages das Merkwürdige, daß die Armenkommission der Hauptstadt mit einem kleinen Jungen an der Hand zu dem kleinen Steinhaus an der bereits erwähnten Straßenecke kommt und Torláka sprechen will. Da niemand zu Hause war, setzte sich die Armenkommission auf den niedrigen Steinwall und wartete dort, zusammen mit dem Jungen, bis der Hausherr heimkam. Es war ein fünf Jahre alter Junge. Er steckte in einem Wams, das einem viel größeren Mann gepaßt hätte, und in dieses Wams war ein Brief eingenäht, unterschrieben und gestempelt von Obrigkeitspersonen in fernen Ämtern und Landesteilen. In diesem Brief stand, daß der Junge der Sohn eines Fuhrmannes in Reykjavík namens Torláka und einer Frau aus dem Nordland war, die Sólrún hieß, nun aber verstorben sei.

Dieser kleine Junge war als Findelkind in sein Versorgungskirchspiel geschickt worden, und von Kirchspielvogt zu Kirchspielvogt durch mehr als zwanzig Bezirksämter, den ganzen Weg von Eyafjord, über Gebirgshöhen, Bergpässe, Täler, Heideflächen und brückenlose Flüsse war er ein halbes Jahr lang auf dieser Reise unterwegs gewesen, hatte ein Stück Wegs nach dem anderen hinter sich gebracht, immer im Gefolge neuer und neuer Weggenossen; denn es gab nicht viele, denen es gelegen kam, jeweils für mehr als nur ein kurzes Wegstück ein lebendes Kind aufgehalst zu bekommen. So mußte denn der Junge seine Reise fortsetzen: immer wieder neue Berge und neue Täler, immer wieder neue und neue Flüsse, neue und neue Schlafplätze, Unwetter und Schneestürme, so daß es ihm vorkam, die Erde nehme nie ein Ende. Jetzt aber war diese lange Wanderung zu Ende. Der junge Wandersmann sitzt hier mit dem Kirchspielvogt der Hauptstadt auf einem Steinwall und ist jetzt daheim.

Endlich kam sein Vater und schob den Schubkarren vor sich her. Er bekannte sich sofort zu dem Jungen und quittierte für ihn auf einem Stück Papier des Vorstehers des Armenwesens und bedauerte es tief, als er hörte, die Mutter des Kindes sei gestorben. Nachdem das Geschäft der Übergabe erledigt war, begab sich die Armenkommission wieder auf den Weg nach Hause, während Óskuláka seinen Sohn an der Hand nahm und ins Haus führte.

Grönlandhaie

Zu jener Zeit floß durch unsere Hauptstadt ein offener Bach, der einfach ›der Bach‹ genannt wurde; in ihm gab es Stichlinge. Ab und zu konnte man auch auf einen Aal stoßen, der auf dem Weg vom Sargassomeer zu dem kleinen Teich gekommen war, den man einfach ›den Tümpel‹ nannte und der hinter dem Altinghaus und der Domkirche liegt. Die Beschäftigung des kleinen Nordländers, von dem im vorausgegangenen Kapitel die Rede war, war während seines ersten Jahres in der Hauptstadt, wie er später selbst berichtete, das Fangen von Stichlingen und manchmal auch von Aalen aus dem Bach gewesen, und zwar mit den Händen.

Sein Vater stand, wie bereits gesagt, um fünf Uhr morgens auf und schob den berühmten Schubkarren in Gang, den die Chaldäer der Entwicklungslehre zufolge in Fortsetzung der Astrologie erfunden hatten. Wenn Stefan Torláksson am Morgen erwachte, war sein Vater längst schon unterwegs. Aber in der Küche war genügend Schwarzbrot, manchmal zwar ziemlich ausgetrocknet, manchmal sogar verschimmelt. Hin und wieder war auch ein wenig im Wind getrockneter, ranzig riechender Seehase oder ein Stück gegorener Rochen da; diese beiden Gerichte verbreiteten einen Geruch, den man im Nordland nicht kennt. Oft gab es in einem Eimer auch Wasser. Niemand war da, mit dem man, wenn man morgens aufwachte, sprechen konnte. Auch sonst gab es nirgends Freunde oder sonst jemanden, mit dem man sich unterhalten konnte, abgesehen von einigen größeren Jungen auf dem Schulweg, und die riefen ›Stebbi Stuttalákasson hihi‹ hinter ihm drein. So hatte er also keine andere Gesellschaft als diese merkwürdigen Fische im Bach. Bald entdeckte er jedoch den Weg zum Strand hinab und sah dort zu, wie die Fischer anlegten und Fische mitbrachten, die ganz verschiedenartige Farben und Formen hatten; etliche unter ihnen waren groß, darunter Grönland- oder Eishaie, und die sind auch im Nordland nicht unbekannt. Der Junge war hell entzückt über diese zuletzt genannten Fische, denn sie waren die einzigen, die er auch im Norden gesehen hatte, und in Wirklichkeit die einzigen Geschöpfe, Menschen nicht ausgenommen, die ihm hier im Süden bekannt vorkamen.

Es wurde früher schon erwähnt, daß sein Vater ein altes Faß besaß, in dem er das Regenwasser aus einer Dachrinne des kleinen Hauses sammelte, und so kam der Junge auf den Gedanken, Grönlandhaie in dieser Tonne zu züchten. Mit seinem Verstand folgerte er, dies müsse möglich sein, wenn er im Bach Aale fange und sie in dem Faß füttere; dabei war er überzeugt, die Aale seien nur deshalb so dünn, weil sie im Tümpel zu wenig Wasser bekamen; andere Fische gab es da nicht. Nun setzte er Stichlinge zu den Aalen in das Faß, weil er damit rechnete, daß, wenn die Aale die Stichlinge fraßen, sie dann schließlich zu Grönlandhaien oder wenigstens ebenso dick wie diese würden. Danach wollte er dann die Haie verkaufen und sich für das Geld ein Paar neue Schuhe kaufen. Leider starben die Stichlinge im Faß schon im jungen Alter, und auch die Aale starben, so daß es nie zu einem Hai kam. Auch zu keinen Schuhen.

Sein Vater hatte die Gewohnheit, jeden Samstag um sechs Uhr den Aschentransport einzustellen. Dann kam er heim. Er brachte seinem Sohn Bismarckheringe in Tüten mit und gewöhnlich zweierlei Kekse, wovon die eine Sorte Sturlabrot hieß, weil man sie in Sturlassons Laden kaufen konnte, die andere hieß Buchstabenbrot, weil die Kekse die Form von Buchstaben hatten und nicht größer als ein Fingernagel waren. Dieses Sturlabrot war steinhart und ein bißchen süß, während das Buchstabenbrot knusprig war und inwendig etwas Luft hatte, faktisch aber nicht süß war, obwohl es als Kuchen verkauft wurde. Torláka hatte gehört, daß die Kinder besserer Leute durch das Essen dieser Kuchen das Lesen lernten.

Sonntag morgens führte er manchmal den Jungen an der Hand in die Kirche, wollte ihn jedoch nicht dabei haben, wenn er Asche transportierte, weil er es für leichtsinnig hielt, Kinder in ein so verantwortungsvolles Gewerbe zu verwickeln, wie es das Wegkarren von Asche von den Türen angesehener Leute der Gesellschaft war. Derjenige, der dies jetzt schlecht und recht zu Papier bringt, erinnert sich gut an den verstorbenen Aschenfuhrmann Torláka, der genauso aussah wie das Bild des seligen Michelangelo Buonarroti, und ich glaube, daß sich darin alle einig sind, die Gelegenheit hatten, diese beiden miteinander zu vergleichen.

Im Winter war Torlákas Haus manchmal ziemlich kalt, und der Bach war zugefroren, und die Stichlinge waren verschwunden, und die Aale waren nach der großen Tiefe des Sargassomeeres fortgezogen, so wie mir Stefan Torláksson selbst erzählte. Der Junge erkältete sich und lag während eines großen Teils des Winters im Bett, bis es seinem Vater gelang, ihm von einer Wahrsagerin draußen auf Nes einen Moosabsud zu verschaffen. Über Weihnachten war sein Vater fleißig damit beschäftigt, verbogene rostige Nägel geradezuklopfen. Stefan Torláksson sagte auch, er könne sich nicht mehr deutlich erinnern, ob es in jenem Winter viel Sonne gegeben habe. Doch schließlich habe sich dann dieser Himmelskörper doch noch dazu herabgelassen, durch Lákas Fenster hereinzugucken, so wie es auch droben im Norden ab und zu geschehen war.

Endlich, endlich! Dann kam die Seeschwalbe und flog mit müden Schreien über die ›Wasserameise‹ hin. Ein blasser Junge stand auf und ging an den Bach hinunter, um nach seinen Freunden, den Stichlingen und den Aalen, zu sehen; und schließlich geschah es, daß auch sie wiederkamen. Aber zu Haien brachte er es nie, wie früher schon angedeutet wurde.

Schlafgast auf Hrísbrú

Der Berichter kehrt nun ins Mosfellsdal zurück, in jenes Kirchspiel, das früher in Vergessenheit geriet; im übrigen war das Amt aufgelöst und die Kirche dem Boden gleichgemacht, und jedermann hatte längst schon angefangen, an etwas Nützlicheres zu denken. Doch wenn sich die Zeiten auch ändern, so sind die Regenstürme im Kirchspiel immer die gleichen. Am unerträglichsten ist der Wind, wenn er aus Südosten mit Windstößen daherfegt, die nie ausbleiben. Ich weiß nicht mehr, ob ich schon erwähnt habe, daß in diesem Kirchspiel Wetter und Jahreszeiten stets im Hinblick auf die Schafe beurteilt werden und nicht auf den Menschen. Das Frühjahr war für die Schafe ziemlich schlecht gewesen. Jetzt war man dabei, die Tiere zusammenzutreiben und für die Winterfütterung abzuholen, und es dauerte nicht mehr lange, bis die Lämmer im Stall gefüttert werden mußten. Auf Hrísbrú blieb jetzt dort, wo der Weg nach dem Nordland führt, das Wasser im Morast stehen. Der Wind stieß gegen das Fenster der inzwischen verstorbenen Finnbjörg, wo sie einst bei ihrem Talglicht strickte, das auch dann noch brannte, wenn die anderen Lichter im Tal erloschen waren. Die Söhne waren dabei, die Türen zu verriegeln, noch ehe die Nacht hereinbrach, denn über die Torseite des Hofes fegte der Sturm.

In diesem Wetter kommt auf der Landstraße, dort, wo sie am Hofplatz vorbeiführt, etwas Lebendiges zum Vorschein, das sich bewegt. Um eine lange Geschichte kurz zu machen: dieses lebende Wesen richtet sich aus dem Morast auf, steigt auf den Steinwall vor der Tür und setzt sich auf den Türstein, dort, wo es der Schein aus Finnbjörgs Badestubenfenster trifft.

Der Vater und die Söhne hatten zwar bei Tageslicht nicht gerade die besten Augen, konnten jedoch im Dunkeln erstaunlich gut sehen. Wenn sie ihre Augen nicht trügten, krabbelte aus dem Sumpf ein nicht besonders großer Junge heraus und war nicht viel stattlicher anzusehen als jenes berühmte Gespenst von Iráfell, das lange Zeit der größte Spuk in den Kirchspielen in der Umgebung von Esjufjall war, obwohl in diesem mageren Bericht, der hier vorgelegt wird, nicht näher darauf eingegangen wird.

Ólafs Söhne sagen zu ihrem Vater: »Da ist jemand.«

»Ein Mensch?« fragt Ólaf.

»Ja, etwas Ähnliches«, sagen sie.

Obwohl der selige Ólaf bei Tageslicht gerade noch gut genug zum Pissen sah, wie er selbst sagte, so hielten seine Söhne ihn dennoch für besser geeignet als sonst jemanden, im Dunkeln den Unterschied zwischen Geist und Mensch zu erkennen, und baten ihn, diese zweifelhafte Frage zu entscheiden. Der Bauer Ólaf geht bis an den Rand des Steinwalles und fragt:

»Woher des Wegs in einem solchen Wetter?«

»Ich komme von Süden«, antwortet ein kleiner Junge.

»Und wo willst du hin?« fragen sie.

»Ich will nach Norden«, sagt der Junge.

»Wem gehörst du?« fragen sie.

»Sólrún«, sagt der Junge.

»Und wer ist Sólrún?« fragen sie.

»Sie ist gestorben«, sagt der Junge.

»Wie weit nach Norden willst du denn?« fragen sie.

»Nach Eyafjord«, sagt der Junge.

»Kennst du den Weg nach Eyafjord?«

»Ja«, sagt der Junge.

»Hast du keine Angst?« sagen sie.

»Doch«, sagt der Junge.

»Weißt du nicht, daß eine Pferdekarawane vierzehn Reisetage braucht, wenn man nordwärts bis Eyafjord will?« fragen sie.

»Ich habe keine Karawane«, sagt der Junge.

»Der Weg führt über die schlimmsten Flüsse des Landes.«

»Das macht nichts«, sagt der Junge. »Ich bin heute schon dreimal durchs Wasser gewatet.«

»Und waren dir unsere Flüsse hier im Kirchspiel nicht tief genug, der Kaldaklofsbach und der Kortúlstadafluß?«

»Nein«, sagt der Junge, »sie gingen mir nur bis zum Hals.«

Dann fragte der Bauer Ólaf: »Wovor hast du dann Angst, wenn du dich nicht fürchtest, bis zum Hals durchs Wasser zu waten?«

»Im Südwesten haute ich ab und ließ Öskuláka allein«, antwortete der Junge. »Ich hatte Angst, ich könnte unterwegs jemandem begegnen, der mich kennt.«

»Hast wohl damit gerechnet, Prügel zu bekommen, was?« sagten die Hrísbrúleute.

Der Junge sagte: »Ich setzte mir den Hut verkehrt auf die Birne, ich ließ, was nach hinten guckt, nach vorne gucken, damit mich niemand erkennen sollte.« Darauf fuhr er in seinem Reisebericht fort: »Dann führte der Weg über eine schreckliche Masse Steine. Da bekam ich es wieder mit der Angst zu tun. Ich lief, so schnell ich konnte. Ich fiel und fiel. Nirgends war ein Haus, nirgends waren Menschen. Kein Tier. Ich glaubte, Räuber kämen und überfielen mich. Aber ich kam nochmals so davon. Dann bekam ich ein drittes Mal Angst. Es begann dunkel zu werden, und der Weg führte an einem fürchterlich großen Berg vorbei. Ich fürchtete, der Berg könne auf mich herabstürzen. Ich hatte so große Angst, daß ich weit, weit vom Weg fortlief und bis ganz hinab ans Wasser, um den Berg nicht über mich zu kriegen, wenn er anfing herabzustürzen.«

Es ist früher schon erwähnt worden, daß es bei den Hrísbrúleuten nicht üblich war, sich nach dem Befinden der Gäste zu erkundigen, obwohl die Straße direkt an ihrem Hofplatz vorbeiführte. Woher immer es auch kommen mochte: an diesem Abend wichen sie von ihrer Gewohnheit ab. Sogar der selige Ólaf, der sich wenig um das Nachtquartier der Leute scherte, spricht diesmal zu diesem Wanderer so:

»Wo hast du dir gedacht, daß du heute nacht schlafen würdest?«

»Ich weiß es nicht«, sagt der Junge.

»Hast du schon etwas zu essen gehabt?« sagt Ólaf.

»Jaja«, sagt der Junge.

»Wann?« fragt der alte Ólaf.

»Vor einigen Tagen«, sagt der Junge.

»Vor einigen Tagen? An was für einem Satanstag denn?« fragt der Bauer.

»Ich weiß es nicht mehr«, sagt der Junge.

Darauf sagt Ólaf zu seinen Söhnen: »Laßt ihn nicht in

Wetter und Wind hinausgehen, solange ich rasch zu Fimmbjörg hineingehe und sie frage.«

Kurz darauf kam der selige Ólaf wieder herausgetapst und bot Stefan Torláksson ein Bett für die Nacht an.

Er übernachtete auf Hrísbrú zwanzig Jahre lang.

Die neuen Weltwunder

Es würde sich wahrhaftig jemand hochverdient machen, der sich einmal vornähme, die Geschichte Stefan Torlákssons zu schreiben. Der Schreiber, der hier gerade an diesem Geschäft ist, sieht sich indessen nicht imstande dazu. Mit der ersten Übernachtung dieses Gastes auf Hrísbrú kam ein neuer Zug in das Gesicht des Kirchspiels: schuld war der kleine Junge, der einmal Haie in einem Faß züchten wollte. Seine Anwesenheit war der Auftakt, der das Aufkommen von Verkehr und Konkurrenz in diesem Bezirk ankündigte.

Stefan Torláksson war zu jeder Zeit in irgendeine Messertauscherei verwickelt; die Hrísbrúleute hatten sich jedoch nie mit so etwas abgegeben. Er besaß Messer aller Art, begann damit, erst gleich zu gleich zu tauschen, versuchte dann aber bald, ein großes Messer für ein kleines oder zwei zu erhalten. Einmal brachte er seinem Pflegevater Ólaf ein Riesenmesser mit, damit dieser damit in den Krieg ziehen könne; aber der alte Ólaf sagte, er habe nicht mehr im Sinn, in den Krieg zu ziehen, und bat den Jungen, das Messer Fimmbjörg zu geben. Die Frau schickte die Waffe in die Küche und sagte, sie eigne sich gut zum Fischezerlegen.

Als er konfirmiert wurde, schenkten sie ihm eine Tabakspfeife, jedoch keinen Tabak dazu. Das betrachtete er als ein ganz besonderes Geschenk; aber Finnbjörg sagte, es seien mehr Leute an schlechtem Tabakgeruch gestorben als am Rauch von verschimmeltem Hai oder Torf, was man doch schon immer für die größte Luftverpestung auf Island gehalten hat. Der Junge verstand diese Frau, obwohl sie oft nur in Andeutungen sprach, wenn sie einem etwas beibrachte; und diesem Schlafgast wird nachgesagt, er habe während seines ganzen Lebens auf kein ernstes Wort irgendeines anderen Menschen gehört. Über das meiste, was andere sagten, lachte er und wurde deshalb für leichtsinnig gehalten; was jedoch Finnbjörg wollte, das prägte sich seinem Gedächtnis für den Rest seines Lebens ein, und von seiner Ziehmutter pflegte er zu sagen, sie sei anderen Menschen so weit voraus, daß man auf einen Berggipfel steigen müßte, um in weiter Ferne jemand zu erblicken, der als die schöne Nummer zwei in Betracht käme. Er beschloß, nachdem er in den Besitz der Pfeife gekommen war, auf Tabak zu verzichten, und hielt sein Leben lang an diesem Entschluß fest; dagegen hatte er sich schon nach einer Woche neun Tabakspfeifen eingetauscht (die Sage geht, es seien achtzehn gewesen).

Als ihm einmal ein junges Pferd verehrt wurde, wartete er einen ganzen Winter darauf, daß aus ihm ein richtig ausgewachsenes Pferd werde. Im Herbst zog er zum Pferch nach Kolla, wo die Schafe verteilt wurden, um die Tiere der Hrísbrúleute auszusortieren, denn er verstand sich sehr gut darauf, die Markierungen der Ohren zu unterscheiden. Und obwohl er den ganzen Tag mehr als reichlich damit beschäftigt war, fand er doch noch Zeit für einen ausgedehnten Pferdehandel. Als er am Abend nach Hause kam, hatte er zwar sein junges Pferd nicht mehr, brachte aber dafür drei Pferde, eine Zuchtstute und ein noch saugendes Fohlen und außerdem ein altes Packpferd mit.

Damals kamen die ersten Autos im Lande auf, und man begann, ein Bauernvolk, das seit A.D. 900 mit ein und demselben Werkzeug gearbeitet hatte, mit neuen Weltwundern bekannt zu machen; im übrigen kannte bald kein Bauer sich selber mehr, und die Dichter fingen an, mit Gedrucktem über den Verlust ihrer Identität zu jammern. Eines schönen Tages fährt Stefan in einem Auto, das ihm selbst gehört, auf das eingehegte Weideland bei Hrísbrú hinein und läßt es dort stehen, weil er sich damit nicht in den berüchtigten Hrísbrúmorast hineintraut. Die Autos, die damals ins Land kamen, waren anfangs zwar etwas klapprig, aber sie waren aus Kanada importiert, nachdem sie dort bessere Tage gekannt hatten, hier aber nun streikten und vor allem draußen auf den Landstraßen einfach stehenblieben. Oft mußte man diese Fahrzeuge mit den Schultern den Berg hinaufschieben, von wo sie dann nach den Gesetzen der Schwerkraft umgehend den Berg wieder hinunterrollten. Trotzdem bewunderte jedermann diese Maschinen, und man begann an sie zu glauben, Stefan Torláksson mehr als alle anderen. Bei vielen ersetzten sie das Iráfellgespenst oder die Schafe oder den Branntwein; für andere traten sie an die Stelle der verlorenen Identität. Man hielt es für eine großartige Idee, sonntags im Auto von Reykjavík fünfzig Kilometer ostwärts nach Tingvöll so toll wie möglich zu brausen, nur um sich dort eine Flasche Limonade zu kaufen.

Stefan verkaufte seine Pferde und anderen Besitz für ein Auto und hielt sich von nun an einige Jahre lang auf der Landstraße auf, wurde jedoch in der Einwohnerliste als zu Hrísbrú gehörend weitergeführt, so daß er dort jederzeit Zuflucht suchen konnte. Er transportierte mutwillige und verwegene Personen von einem Ort zum anderen, mitunter gegen Bezahlung. Er machte den Versuch, Petroleum anstelle von Benzin zu benützen; was dabei herauskam, war ein schöner blaugrüner Rauch, begleitet von einem sonderbaren Krachen und Poltern im Motor. Manchmal, wenn das Auto schon für eine ganze Weile auf der Mosfellsheide droben liegengeblieben war, boten vorbeikommende gefällige Limonadetrinker ihre Hilfe an. Sie hielten brennende Streichhölzer an den Benzintank in Steffes Auto; und da das Auto nicht augenblicklich in die Luft flog, zogen sie daraus den Schluß, der Tank sei leer. Dann schickte man Boten in die bewohnte Umgebung und versuchte dort, Benzin zu kaufen oder zumindest sich Petroleum auszuleihen. Ein solcher Ford auf einem Ausflug nach Tingvöll mit blaugrünem Rauch aus dem Auspuff verursachte mehr Lärm als alle Fordfabriken in Detroit zusammen. Oft mußte der Chauffeur tagelang sein Dasein auf der Heide fristen und dauernd an dem Motor herumhantieren. Es gibt isländische Gedichte aus dieser Periode über Leute, die ebenso hoffnungslos in ihren Motor vertieft waren wie Philosophen in ihre Systeme (und, könnte man vielleicht hinzufügen, wie die Ideologen in ihre Universaltheorien).

Stefi Stuttalákasson, wie ihn die Jungen nannten, wurde wegen seines Fordismus bald ungefähr so berühmt wie andere wegen ihres Freudismus oder wieder andere wegen ihrer progressiven Lebensanschauungen, die damals anfingen in Mode zu kommen. Er selbst jedoch erzählte, er habe, obwohl die Hrísbrúleute über den sonderbaren Vogel die Nase rümpften, der da bei ihnen aus dem Ei geschlüpft war, ständig an Ansehen bei ihnen gewonnen, und daß sie ihn so gern hatten wie einen Bruder, der als Mißgeburt, vielleicht mit zwei Köpfen, zur Welt kam und den man deshalb nicht verstoßen darf, weil es schwer ist, Gott zu verstehen. Nie machten ihm die Hrísbrúleute einen Vorwurf, wenn er drei Tage brauchte, um in Tingvöll eine Flasche Rülpswasser mit Kohlensäure zu kaufen und mit seinem Auto drei Nächte auf der Heide verbringen mußte. Es war, als hätten diese Herren aus der alten Zeit vorausgeahnt, daß dieser seltsame Gast, der eines Herbstabends zu ihnen hereingeflattert war und dann im Kirchspiel Verkehr und Konkurrenz eingeführt hatte, gekommen war, um zu bleiben.

Stefan Torlákssons Ausbildung ist rasch geschildert. Er wuchs gerade noch in der Zeit auf, da das Gesetz über die Schulpflicht noch nicht eingeführt war. Vor der Konfirmation wurde er zusammen mit einigen anderen Kindern, um die es genauso bestellt war, zum Bauern auf Laxnes geschickt, um Katechismus und biblische Geschichte zu lernen, dazu das Rechnen bis zum Verhältnis- und Bruchrechnen sowie Kartenlesen in Propst Torarens Volksaufklärungsbuch, wo die Welt nach demselben System in zwei Teile gespalten ist wie ein durch Sengen gespaltener Schafskopf.

Das Christentum wurde auf Hrísbrú nicht praktiziert, abgesehen davon, daß Finnbjörg zwar eine Hauspostille besaß, aber nur selten darin las und nie darüber sprach. Christentum hatte bei diesen Menschen immer schon nur darin bestanden, daß man in die Kirche ging, und sie hielten es für unnütz, über Gott in einem Buch zu lesen, und jetzt gar noch für sinnloser, nachdem man ihre Kirche dem Erdboden gleichgemacht hatte. Von Andachtsübungen oder etwas Ähnlichem während seiner Jugend meint Stefan später nichts mehr gehört zu haben, nachdem er nicht mehr im Süden mit Láka zusammen den Kirchgang pflegte. Er hielt das Christentum für etwas, das ihn nichts anging, denn er konnte damit ja doch nichts mehr an dem ändern, was sich einmal als falsch erwiesen hatte. Ab und zu konnte Finnbjörg etwas vom verstorbenen Pastor Jón von Baesá aufsagen, doch Stefan hörte ihr dabei nicht zu, und sie versuchte nie, es ihn zu lehren; im übrigen sei ja wohl auch nicht alles gleich schön, was dieser Geselle zusammengebraut habe, sagte Stefan und zitierte das Gedicht ›Ich stürze mich auf alles, was ich vor mir habe‹, das er sicher nicht von seiner Pflegemutter, sondern von irgendeinem Chauffeur gelernt hatte. Dagegen lehrte sie den Jungen Socken stricken, damit er, falls er einmal blind werden sollte, seine Hände vernünftig beschäftigen könne. Er durfte sich zu ihr setzen, und sie half ihm, wenn er eine Masche fallen ließ. Stefan hat, nach seiner eigenen Aussage, während der zwanzig Jahre seines Aufenthalts im Mosfellsdal nie über etwas Übernatürliches sprechen hören, ausgenommen das, was über das bereits erwähnte Gespenst von Iráfell in Kjós gesagt wurde. Dieses Gespenst kam im Mittwinter öfters über den Bergpaß von Svínaskard heraufgestiegen, besonders im Schneesturm; auf gewissen höhergelegenen Höfen, fern vom Meer, in dem Kirchspiel um Esjuna erhielt es genauso wie andere Leute seine Portion Essen; man stellte ihm dieses am Abend am Wegrand ab. Auf Hrísbrú jedoch tat man das nicht, obwohl manche Leute von

Zeit zu Zeit meinten, das Gespenst in den Gängen und auf den Torfdächern des Hofes in der Dämmerung umgehen gesehen zu haben. Finnbjörg verbot ausdrücklich, daß man dem Gespenst eine Schüssel mit Speisen am Wegrand bereitstellte, sagte, das würden nur herrenlos umherstreifende Hunde oder Wildkatzen des Nachts auffressen, wünschte nicht, daß obdachloses Raubwild damit angelockt werde.

Stefan sagte, am meisten bereue er, daß er während dieser drei oder vier Jahre, da er Gelegenheit hatte, am Krankenbett der Frau zu sitzen, vergessen habe, sie nach etwas ganz Bestimmtem zu fragen anstatt nur nach Bagatellen, die die Strickerei betrafen. War sie wirklich krank? – Dies, sagte er, habe er später sich oft selbst gefragt. Oder waren es vielleicht alle andern, nur sie allein nicht? Bei diesen zahllosen Frauen auf Island, die achtzehn Jahre lang wegen Altersschwäche im Bett lagen, ging es bei ihnen um etwas anderes als einfach darum, daß sie zu stark waren, um an dem Elend und der Dummheit, die im Lande herrschten und mit dem sich die Leute abfanden wie aussätzige Bettler mit ihren Wunden, ja sich daran noch weideten, teilnehmen zu können? Er sagte, daß er diesen Anflug von Gleichmut, Besonnenheit und Sauberkeit, der von dieser Frau ausging, später immer gesucht, aber bei anderen Frauen nicht gefunden habe, obwohl er sein Leben lang sich ununterbrochen auf der Landstraße herumgetrieben habe.

Eine kleine Wanduhr mit Glas über dem Zifferblatt und auf dem Glas das Bild einer Blume, tickte friedlich auf dem Regal über dem Bett dieser schweigsamen Frau. Dieses Ticken konnte der bereits erwähnte Schlafgast auf Hrísbrú für den ganzen Rest seiner Tage hören, wenn immer er einen Augenblick Ruhe fand, um in sein eigenes Innerstes hineinzulauschen: bis er schließlich auf der Landstraße umsank.

Die Miste wird aufgegraben

Als Finnbjörg auf der Bahre lag, schickte Ólaf seinen Sohn Andreas zum Pfarrer der Lágafellskirche, der Kirche drunten im Kirchspiel, die vor langer Zeit kraft Gesetzes auch die Kirchspielkirche der Einwohner des Mosfellsdales geworden war. Andreas sollte dem Pfarrer von seinem Vater etwas ausrichten. Ólaf ließ ihm sagen, er sei zu schwachsichtig geworden, um die Lágafellpfarrer voneinander unterscheiden zu können, das aber wäre notwendig, um sie verprügeln zu können. Und des weiteren gehöre es zu Andreas' Auftrag, dem Pfarrer mitzuteilen, daß sein Vater fest entschlossen sei, seine Frau auf dem Friedhof in Mosfell zu begraben, und daß der Lágafellpfarrer selbst entscheiden müsse, ob er sich am festgesetzten Tag dahin aufmachen und die Einsegnung der Leiche vornehmen wolle; im andern Fall wolle er, Ólaf auf Hrísbrú, sie selbst übernehmen. In aller Kürze berichtet: von der zuständigen Behörde wurde in dieser Sache nicht widerwillig reagiert.

Nun, da die Leiche der Bäuerin in den Sarg gelegt worden war und im Nebengebäude aufgebahrt stand und der Hof leer und alles klipp und klar war (so sagte Stefan Torláksson) und der Beerdigungstag sich nähert, da ruft der Bauer Ólaf seine Söhne und seinen Pflegesohn zu sich und überträgt ihnen eine Aufgabe.

Es ist in diesen Aufzeichnungen früher schon erwähnt worden, daß es auf dem Hofplatz vor Hrísbrú Schlamm und Matsch von nicht geringem Umfang gab, und zwar so tief, daß es noch nie jemand hatte ausmessen können, und es gab auch keine in die Augen fallende Grenze zwischen diesem Matsch und einem beträchtlichen Misthaufen samt einer Jauchegrube, die überlief und schon lange Zeit übergelaufen war. Die Grube war, soweit sich die Leute zurückerinnern konnten, noch nie bis auf den Grund geleert worden. Nun aber geschieht es also, daß der Bauer Ólaf seine Leute, mit den nötigen Geräten ausgestattet, zu dieser Grube hinausschickt und ihnen den Auftrag erteilt, er müsse dort ausgeschöpft und ausgegraben werden; des weiteren befiehlt er, man dürfe nicht eher damit aufhören, bis man auf einen kostbaren Schatz stoße, der tief im Morast versteckt sei.

Nun fangen sie an, die Miste aufzugraben, eine Arbeit, die hier zu schildern zwecklos ist, da seitdem eine so lange Zeit vergangen ist und kein Mensch in Island mehr weiß, was überhaupt eine Mistgrube ist. Ob das nicht auch für jede andere unsaubere Arbeit gilt, die man früher Schwerarbeit nannte? In alten Zeiten wurde ja nur die Arbeit schmutzig genannt, die so schlecht ausgeführt worden war, daß sie den Pfuscher oder Schurken verriet.

Es liegt kein Grund vor, leeres Stroh zu dreschen und darüber zu rätseln, ob sie im Hrísbrúmorast lang schöpften und gruben oder nicht, nur so viel soll gesagt werden, daß sie schließlich so tief in den furchtbaren Sumpf hinabgelangten, bis der Spaten auf etwas Hartes stieß und ein metallener Klang zu hören war. Man packt den Gegenstand mit den Händen, kann ihn loskriegen und trägt ihn aus dem Morast heraus und hinüber an die Hofwand.

Jetzt drehen und wenden sie diesen Gegenstand, bis sie sich schließlich darüber einig sind, Ólaf herbeizurufen und ihn um Rat zu fragen. Eine Weile tastet der dann den Gegenstand umständlich ab, bis er schließlich feststellt, es sei eine Kirchenglocke. Er sagt, diese Glocke müsse erst sorgfältig gewaschen und danach blank geputzt werden. Darauf geht er in die Badestube und holt aus dem Sarg seiner Frau den Klöppel, der zu der Glocke gehört.

Stefan Torláksson hat über diesen Morgen berichtet, an dem er mit seinem Pflegevater Ólaf nach Mosfell ging, um die notwendigen Vorbereitungen zu treffen, bevor der Leichenzug ankam. Es ist um die Zeit der Sommersonnenwende. Der alte Gaul, der Fuchs, wird von der Wiese hereingeholt und steht auf dem Hofplatz; er ist ziemlich dick. Der Sattel wird ihm vor dem offenen Nebenhaus aufgelegt, wo alles Gerümpel weggeschafft worden war, um für den Sarg Platz zu machen. Ólafs Söhne führen ihren Vater aus dem Hof heraus, und er selbst trägt die Glocke im Arm; man sah ihr an, daß es nicht sehr lange dauern würde, bis sie ihren Grünspan wieder hatte, der zum wahren Christentum gehört.

Ólafs Söhne hielten ihrem Vater die Steigbügel und halfen ihm auf den Rücken des Fuchses. Dann legten sie ihm die Glocke so in die Arme, daß er sich gleichzeitig noch an der Mähne des Pferdes festhalten konnte. Der Pflegesohn wurde damit beauftragt, den alten Mann auf dem kürzesten Weg heim nach dem Mosfell zu führen und dort auf der Anhöhe vor dem Tor zum Mosfellsfriedhof zu warten. Das Kirchspiel war noch kaum aus den Federn gekrochen, und der Brachvogel Goldregenpfeifer lief über den Sturz neben ihnen her und spielte auf seiner leisen Flöte; der Klöppel der Glocke saß so locker, daß man, sooft der Fuchs auf dem Weg strauchelte, einen schrillen Metallton hörte. Ólaf, der Alte, machte keinen Besuch auf dem Mosfellshof, sondern ließ sich von seinem Pflegesohn direkt ans Friedhofstor bringen; dabei hielt er dauernd die Glocke im Arm. Er sagte, der Fuchs solle an einen Zaunpfosten gebunden werden, damit er nicht ins Weideland ginge: »denn da meine Pfarrer jetzt nicht mehr hier sind, jage ich auch mein Vieh nie mehr zum Grasen auf die Mosfellsweide«, sagte er.

Sie zurrten mit einer Schnur die Glocke am Türbaum des Kirchhoftores fest. Aber da der Glockenbalken fehlte, den eine Glocke haben muß, wenn sie sich frei bewegen soll, sobald jemand das Glockenseil zieht, was dem Geläute den langen tragenden Ton gibt, mußte Ólaf schließlich den Schwengel losmachen und damit von außen gegen die Glocke hämmern. Aber obwohl es nur zu einem schwachen Läuten kam, das etwas engbrüstig klang, war es eben doch der Klang der Mosfellskirche. Als sich der Leichenzug näherte, fing Ólaf an zu läuten. Er hörte damit auch nicht auf, als der Sarg durch das Kirchhofstor getragen wurde. Er läutete auch die ganze Zeit, solange die Leute einer nach dem anderen in den Friedhof eintraten. Er läutete, während der Sarg in die Erde gesenkt wurde und der Pfarrer seine drei Schaufeln Erde auf ihn warf, und er läutete noch, als die Leute am Grab aufzubrechen begannen; und wie geistesabwesend gab er die freie Hand denen, die ihm kondolierten und sich von ihm verabschiedeten; er läutete so lange, bis sein Pflegesohn, der auf einem kleinen Hügel saß, ihm erzählte, jetzt sei auch der letzte gegangen und alles sei überstanden.

So läutete also der alte Ólaf auf Hrísbrú das ganze Kirchspiel in den Friedhof von Mosfell hinein und wieder hinaus.

Eine Woche später machte Ólaf noch einmal den gleichen Weg, diesmal horizontal auf einer Bahre, um wieder zu seiner Frau zu kommen. Nun trug sein Sohn Bogi die Glocke im Arm vor dem Sarg seines Vaters her, zurrte sie am Türbaum des Friedhofstores fest, wie sein Vater das eine Woche zuvor getan hatte, und läutete, wie sein Vater geläutet hatte, bis alles überstanden war. Danach band er die Glocke wieder vom Türbaum los und trug sie wieder heim nach Hrísbrú.

Ein Bericht über Gold und heißes Wasser

Das Leben auf der Landstraße verläuft nicht immer so glatt wie der erste Messertausch der Jugend; die Stichlinge in Öskulákas Faß wollten keine Haie werden. Obwohl Steffe nicht gerade wenige Transaktionen unternahm und obwohl er sich mittlerweile ein schnelleres Auto verschafft hatte als das, das drei Tage für die Fahrt nach Tingvalla brauchte, gab es für ihn trotzdem nur ein Auf-der-Stelle-Treten. Wer konnte sich damals schon einen Mietwagen leisten? Auf jeden Fall nicht die vermögenden Leute, die nachweisbar für ein Taxi das Fahrgeld haben. Vielleicht am ehesten jene Art von Grandseigneurs mit Freibriefen der Gesellschaft, als die sich die Trunkenbolde in Island schon seit langem aufspielten; und die es wichtig hatten, aufs Land hinauszukommen, um draußen in der Heide auf einem kleinen Grashügel zu sitzen und eine Flasche Hundemedizin auszulutschen, die die Frau weggeworfen hatte; oder Maulhelden, die sich zu einer Autofahrt zusammentaten, um nach Skólavördu zu fahren, das einen guten Kilometer entfernt war, oder südwärts nach Skerjafjord, das auch nicht viel weiter war; oder junge Mädchen, die glaubten, wenn man nur hübsch sei, dann könne man auch schon gratis fahren. Hrísbrú war nach wie vor Steffes Bleibe, obwohl er einer der bekanntesten Chauffeure des Landes und der Bahnbrecher einer neuen Zeit geworden war. Nicht zu zählen waren die Tage, an denen er unter Autos auf dem Rücken lag oder krummgebeugt mit der Nase im Motor dastand und am Abend dann zu Hause schlafen durfte, wo die Bauernsöhne inzwischen aus der Heimat weggezogen waren und angefangen hatten, in der Hauptstadt als ungelernte Arbeiter im Taglohn ihr Geld zu verdienen.

Bis dann schließlich in der Hauptstadt das eintrifft, was nur die wenigsten vorausgesehen hatten, daß nämlich Öskuláka ins Gras biß und aufhörte, Asche zu transportieren und in einem Faß Regenwasser zu sammeln.

Als nach der Beerdigung das Eigentum des Fuhrmanns in Augenschein genommen wurde und die Frage der Erbschaft geregelt werden mußte, da wurde Stefan Torláksson herbeigerufen, um zusammen mit den Behörden über den Besitz seines Vaters zu befinden. Der Verstorbene hatte einen Sonntagsanzug besessen, seinen Kirchenrock, dessen Alter auf vierzig Jahre veranschlagt wurde und der noch nie neu gewesen war. Außerdem seine Arbeitskleidung aus Sackleinwand, ziemlich abgetragen und mit Segelmacherstichen zusammengeflickt, ohne daß man jedoch nach all den vielen Jahren auch nur einen einzigen Flecken irgendwelcher Art an ihr hätte entdecken können. Viele Kisten voller rostiger Nägel, die der Verstorbene auf der Straße gefunden oder aus zerrotteten Brettern herausgezogen hatte, waren da. In seinen freien Stunden und an hohen kirchlichen Feiertagen hatte er sich damit beschäftigt, diese Nägel geradezuklopfen und wieder herzurichten. Er hinterließ auch eine ansehnliche Menge übriggebliebenes Brot verschiedenen Alters, angefangen bei verhältnismäßig frisch angeschimmeltem Brot mit zottigen grünen oder grauen Schimmelpilzen, die man heutzutage zur Gattung Penicillin rechnen würde, und immer weiter zurück bis zu jenem Brot aus einem längst entschwundenen Zeitalter, das schon lange zu versteinern angefangen hatte; außerdem hinterließ er das Wasserfaß, von dem bereits berichtet wurde. Der Schubkarren des Mannes, den die Chaldäer in Fortsetzung der Astrologie erfunden hatten, wurde der Erbmasse nicht zugeschlagen.

Die Nachlaßverwalter übersahen lange die alten Kisten, die im Anbau hinter der Türe aufgestapelt waren, einige aus Holz, andere aus Pappe, und von denen die meisten den Stempel ›Thomsens Magazin‹ trugen, den Namen einer dänischen Firma, die es in früheren Jahrhunderten hier gab. Schließlich sagten dann aber einige der Beamten, es wäre doch nur Zeitverschwendung, wollte man eine größere Anzahl dieser Kisten öffnen. Einige der Kisten aus Thomsens Magazin, so beschloß man, sollten, um dem üblichen Verfahren Genüge zu tun, wenigstens aufgemacht werden. Da zeigte es sich dann, daß alle diese übereinander gestapelten Kisten bis zum Platzen mit geprägten Münzen vollgestopft waren.

Meist waren es 25-Eyre-Stücke, dazu doch auch eine

ganze Menge 50-Eyre-Münzen, Kronen- und Zweikronenstücke, dazwischen immer auch wieder Zehnkronenstücke aus Gold. Jede einzelne der Münzen war sorgfältig in Zeitungspapierfetzen eingewickelt. Man nahm sich nicht die Zeit, nach Hause zu gehen, um zu essen oder zu schlafen, vielmehr mußten noch weitere Beamte geholt werden, um all das Geld zu zählen. Am Ende wurde der Schatz zum Kontor des Stadtvogtes gefahren, und dort war dann eine größere Zahl von Männern einige Tage reichlich damit beschäftigt, die Münzen nach ihrem Wert zu sortieren und zu stapeln. Es stellte sich heraus, daß sich die Summe dieses Geldes auf den Wert von 40000 Goldkronen belief.

Öskulákas Gold leitete die Karriere Steffes als hervorragende Persönlichkeit sowohl in seiner Heimat als auch innerhalb des ganzen Volkes ein und bildete die Grundlage für seine gewaltige Unternehmungslust, seine Großzügigkeit und seine Freigebigkeit, für die er in weiten Kreisen bekannt wurde. Wie früher schon hervorgehoben, ist es nicht möglich, in einem kurzen Bericht über Stefan Torláksson von all den vergessenen Kleinigkeiten aus dem Mosfellsdal zu erzählen. Das muß ein anderer versuchen, der darüber ein umfangreicheres und besseres Buch schreiben kann als ich.

Mit seinem Erbe baute Stefan Torláksson außerhalb der Hauptstadt in Grimsstadaholti einen Autopalast mit den dicksten Betonwänden, die es hierzulande gibt, mit einer Bodenfläche, die größer war als alles, was sich davon bis noch vor kurzem in allen anderen Häusern des Landes fand. In ihm konnten Autobesitzer ihre Autos, gegen Wind und Wetter geschützt, das ganze Jahr über unterstellen und hatten, sei es am ersten Sommertag oder an einem Bankfeiertag, Zugang zu ihren Wagen, die trocken und sauber im Palast auf sie warteten. Sie konnten den Palast auch dann aufsuchen, wenn sie ihre Autos nur liebevoll streicheln oder sie putzen und auf Hochglanz bringen oder die Fugen mit einem Zahnstocher reinigen wollten, sofern sie Zeit dazu hatten; oder sie konnten ganz einfach kommen, um sie sich anzuschauen; des weiteren konnten sie sich darunter legen und sie reparieren, wenn sie Lust dazu hatten. Mit der besseren Pflege der Autos wuchs in der Hauptstadt deren Anzahl mit Blitzesschnelle.

In jener Zeit hatte die Stadt Reykjavík droben im Mosfellsdal einen landwirtschaftlichen Musterbetrieb für Kartoffelanbau eingerichtet, doch die Kartoffeln wollten nicht gedeihen. Das Unternehmen verkrachte, wie man in Zeitungen aus jener Zeit lesen kann. Noch lange verwies man in ein und demselben Atemzug auf das kranke Schicksal dieses Betriebes und auf das große Projekt zur Torfgewinnung bei Kjalarnes als Beweis dafür, wie alle öffentlichen Unternehmungen bankrott gingen, das Finanzamt ausgenommen.

Damals kam es dann an den Tag, daß dieser Musterbetrieb der Hauptstadt auf dem elendesten aller Böden im Mosfellsdal angelegt worden war, in Hladgerdarkoti, wo ganz selten nur die Sonne scheint. Vor sehr langer Zeit hatte man dort schon widerspenstige Ochsen eingezäunt, die dem Pfarrer gehörten, und nie wäre jemand auf den Gedanken gekommen, auf einem solchen Platz könnten einmal Menschen leben. Doch es gab da einen warmen Bach; und an der Stelle, wo dieser Bach in den Fluß mündete, hatte die Pfarrmadame jahrhundertelang ihr Brot im Sand gebacken, woran man sich vielleicht aus einem früheren Abschnitt dieser Aufzeichnungen erinnert. Nachdem einige Zeit verstrichen war, errichtete man auf diesem Platz unförmige Erdhaufen, um dort notleidenden Kirchspielgliedern Unterkunft zu verschaffen. Und mit der Zeit kam es zu einer Geschichte von einer großartigen Frau, die in alten Zeiten hier erster Ansiedler gewesen sein soll, Frau Hladgerdi. In Hladgerdarkoti wohnten immer schon Stümper und Pfuscher, nie jedoch Großstümper. Die gab es erst, als sich die Hauptstadt des Landes daranmachte, eine riesige Geldsumme an diesem Platz in den Versuch zu stecken, Kartoffeln anzupflanzen. Stefan Torláksson erlöste die Landeshauptstadt und die Öffentlichkeit von diesem gräßlichen Musterbetrieb, indem er der Stadt im Tauschhandel seine Garagen in Grimsstadaholti, die dauernd leer standen, überließ und dafür Hladgerdarkoti mitsamt dem gräflichen Landsitz bekam, den die Hauptstadt, von allen guten Geistern verlassen, für elternlose Kinder auf einem Stück Grasland am Fluß erstellt hatte.

Erst als es dann zu spät war, besann sich die Hauptstadt darauf, daß man im Sand nicht nur das Brot der Pfarrfrauen backen könne, sondern daß Hladgerdarkoti auch in einem der größten Heißwassergebiete der Welt lag. Dieser ärmliche Hof verfügte über heiße Quellen mit einer Kapazität, die dazu ausreichen würde, New York zu heizen. Erdwärme unterscheidet sich von Kohlenminen dadurch, daß Minen, wenn immer mehr Kohle abgebaut wird, mit der Zeit leer werden und bankrott gehen, während siedendheiße Quellen Jahrmillionen lang Wasser liefern, unbeeinflußt davon, ob viel oder wenig Wasser entnommen wird. Jetzt entdeckt man, daß man die ganze Landeshauptstadt mit siedendem Wasser heizen kann, das jahraus, jahrein gratis in mächtigen Strömen aus der Erde quoll. Die Stadt wendet sich nun zum zweitenmal mit Bitten an Stefan Torláksson, diesmal, um ihm kochendes Wasser zur Heizung der Hauptstadt abzukaufen und um dadurch Kohle und Öl aus Island zu verdrängen. Für dieses Wasser erhielt Stefan Geldsummen ausbezahlt, die alles überstiegen, was man bis dahin jemals im Lande hatte nennen hören. Das Wasser wurde in großen Rohrleitungen nach der Hauptstadt befördert mit dem Resultat, daß so enorme Mengen brühheißes Badewasser pro Nase wie in der Stadt Reykjavík auf der ganzen Welt unbekannt sind, ausgenommen die Stadt Petropavlofsk in Kamtschatka. So laufen zum Beispiel in einem so kleinen Haus wie dem, in dem dieser Bericht aufgezeichnet wird, 17280 Liter kochendes Wasser pro Tag aus Stefan Torlákssons heißen Quellen ein und wieder aus.

Die Mosfellskirche kommt wieder auf die Erde herab

Als Stefan Torláksson im Mosfellskirchspiel Kirchspielvogt geworden war und sich bei seinem Heißwasserbetrieb im Tal niedergelassen hatte, ragte er so hoch über alle anderen Menschen in diesem Kirchspiel hinaus, daß er nur mit Egil Skallagrimsson verglichen werden konnte, als dieser hiesigenorts seine berühmten Truhen im sauren Sumpfgebiet vergrub, die Truhen, die die Sage etwas bescheiden Silberkisten nennt, von denen ich jedoch ganz sicher bin, daß es Goldtruhen waren. Steffe züchtete auf seinem Boden Tomaten, Rosen und Kühe und umgab sich mit allen Maschinen, die er nur auftreiben konnte und von denen viele behaupten wollen, sie machten das Leben zwar leicht, aber auch geistlos, und sie hätten alle miteinander das gemeinsam, daß man nur auf einen Knopf zu drücken brauche, und alles Weitere laufe dann wie am Schnürchen ab: Tausende und Abertausende von Pferdekräften seien im Spiel. Da waren nicht nur Kühlschränke in Stube, Küche und Bar, sondern auch im Schlafzimmer. Außerdem konnte man vom Schlafzimmer aus direkt in einen Saal voller Autos eintreten. Auf dem Hofplatz warteten Lastwagen mit zahlreichen Rädern, Raupenschlepper, Traktoren und andere terraingängige Apparate auf Gürteln; Grabmaschinen, Bulldozer und Schneepflüge und derartiges mehr. Mit Pferden war Stefan wohl versehen, und es machte ihm Spaß, als Ausdruck seiner Sympathie jemandem ein Pferd zu schenken. Er war ein so vortrefflicher Kirchspielvogt, daß man sich weit und breit unter den Kirchspielvögten des Landes umsehen darf, um einen zu finden, der sich mit ihm messen kann. Wenn er hörte, daß irgendwo ein Hofweg zugeweht war, dann war er auch schon mit seinem Schneepflug da. Wenn ein Hofbesitzer den ganzen Winter über dauernd so betrunken war, daß er sogar vergaß, sein Feld zu düngen, dann kam zu Beginn des Sommers Stefan mit Geld zu ihm, damit er sich Dung kaufen konnte. Zwar wollte sich Stefan mit keiner seiner Haushälterinnen verheiraten, dafür verehrte er ihnen jedoch gelegentlich, wenn sie ihren Dienst bei ihm aufgaben, eine Wohnung oder zuweilen sogar einen Ehemann. Braven Hausfrauen schenkte er Nähmaschinen und hübschen Mädchen Pferde. Es gab kaum ein Frauenzimmer im Kirchspiel, sei es jung oder alt und mochte es noch so unscheinbar sein, er kam zu dessem Geburtstag mit einem großen Strauß Rosen. Deshalb wurde er auch zum Ehrenmitglied der Frauenvereinigung gewählt. Es konnte ihm einfallen, im Gebirge droben schlechte Böden zu kaufen, die lange Zeit brachgelegen hatten, um dort ein prächtiges Haus zu bauen und es dann entweder mit Defizit zu verkaufen oder es Leuten zu schenken, mit denen er vielleicht nur ganz weitläufig verwandt war; manchmal überließ er es ihnen voll ausgestattet, so daß sie den Hof mit Anstand so lange bewirtschaften konnten, bis sie dann Pleite machten. Seine Lager waren angefüllt mit Waren aller Art wie eine wohlversehene Großhandlung; sie sollten ihm in jedem beliebigen Augenblick zur Verfügung stehen, falls eine Krisensituation eintreten sollte. ›Kaufen, kaufen, egal zu welchem Preis!‹, das war seine Devise.

Oft wurden Leute stutzig ob seiner merkwürdigen Einkäufe, und nicht zum wenigsten dann, wenn er eine Menge von Exemplaren einer Sache kaufte, der andere Leute jede Qualität absprachen. Es endete jedoch jedesmal damit, daß unter seinen Händen selbst die absurdesten Dinge ihren Wert vervielfachten, und auf lange Sicht bewies er die Richtigkeit jener Theorie, die gewisse Ökonomen lanciert hatten, seit den Tagen des Römerreiches seien die Preise aller Dinge dauernd gestiegen. Als Beispiel dafür kann erwähnt werden, wie Steffe einmal darauf verfiel, Bücher zu sammeln; vorher hatte er nur geringes Interesse an dieser Ware gezeigt.

Es war just zu der Zeit, da das große Werk von Pastor Jón Torgeirsson von Vassdalshólum gedruckt erschien, mit Biographien bemerkenswerter Pferde im Hunavassbezirk. Von diesem Werk wurde, als es herauskam, im ganzen Land leider kein einziges Exemplar verkauft, und dabei blieb es viele Jahre. Stefan Torláksson las das Buch, und es gefiel ihm, denn er verstand etwas von Pferden. Um seine gute Gesinnung der Literatur gegenüber unter Beweis zu stellen, kaufte er dreihundert Exemplare dieses Werkes und stellte es in die Regale der Bibliothek, die er sich mit diesem Zweck vor Augen hatte einrichten lassen. Weit und breit sprach man von diesem Kauf, was die Wirkung hatte, daß viele das Buch auch besitzen wollten; doch stellte es sich dann heraus, daß der größte Teil der Auflage durch einen Brand vernichtet worden war und Stefan einfach den Rest aufgekauft hatte. Dadurch kam es so weit, daß es im ganzen Land kein einziges Exemplar dieses Werkes mehr gab. Und schließlich lag der Preis dieses Buches so hoch wie der der Prachtausgabe des Neuen Testaments, und die Geschichte endete dann damit, daß Stefans Bibliothek nach seinem Ableben auf einer Auktion für eine enorme Summe verkauft wurde.

Genauso verlief auch sein Aufkauf des Produktes Svartadauda. Es war in der ersten Zeit des Reichsbranntweines auf Island. In jenen Tagen war in diesem Land Witz und Laune noch nicht ganz ausgestorben, und das Staatsmonopol, das im Land für den Verkauf von Branntwein geschaffen und vom Guttemplerorden verwaltet wurde, kam damals auf die glänzende Idee, ein Getränk auf den Markt zu bringen, das man anfangs ›Große Pest‹ hieß, das aber später unter dem Namen ›Svartadauda‹ (Schwarzer Tod, d.Ü.) bekannt wurde. Man hielt es für einen ausgezeichneten Branntwein. Der Name des Getränkes war mit weißen Buchstaben auf ein pechschwarzes Etikett aufgedruckt, unter dem sich zwei gekreuzte Oberschenkelknochen befanden und außerdem noch ein Totenkopf, ebenfalls in weißer Farbe. Das war also der letzte Witz großen Formats, auf den die Isländer verfielen, oder, wie ein braver Mann sagte: etwas, worüber man mit der ganzen Fresse grinsen konnte. Aber dieser Stumpfsinn im Hirnkasten der Nation, der heute die Geißel der Gegenwart ist, begann damals seine Wurzeln zu schlagen, und es dauerte auch nicht lange, bis dieses Etikett von jenen blöden, von allen guten Geistern verlassenen Büromenschen von der Provinz draußen, die sich in den Staatsapparat einzuschleichen begonnen hatten, geändert wurde. Sie ließen das Schwarztodetikett mit dem Totenschädel entfernen und brachten ein nichtssagendes Blumenbild aus dem Lehrbuch für Botanik auf der Flasche an, weil sie glaubten, damit ließe sich der Branntwein besser verkaufen.

Stefan Torláksson war immer der erste, der einen Witz zu erfassen vermochte. Gerade zu der Zeit, da der Schwarze Tod mit dem Totenkopf und den Skelettknochen die Branntweinflasche zierte, da benützte er die Gelegenheit, einen nicht gerade kleinen Keller für dieses Getränk einzurichten, um es bei festlichen Anlässen für sich selbst oder für andere parat zu haben, obwohl er selbst nie Schnaps trank. Im Verlauf von kurzer Zeit war der isländische Schwarze Tod mit dem schwarzen Etikett auf der ganzen Welt berühmt geworden und ist es immer noch. In vielen Ländern ist dieser isländische Artikel das einzige, was die Leute von Island kennen oder zu kennen wünschen. Heute bieten die Amerikaner 100 Dollar für ein solches Etikett einer alten isländischen Schnapsflasche. Stefan Torláksson ist es beizeiten schon irgendwie aufgegangen, was für eine großartige Gelegenheit für eine gute Investition damit gegeben war. Nicht allein dieses Etikett, so genial ausgeklügelt, ist kostbarer geworden als irgendein anderes Stück Papier der gleichen Größe auf Island, sondern der solide Wert dieses Branntweins selbst ist von 6,75 Kronen, was damals die Flasche kostete, als Stefan sein Lager anlegte, auf heute gut 400 Kronen gestiegen. Es zeigt sich, als damals Stefan Torláksons Nachlaß geordnet wurde, daß sein Schwarzer Tod ein noch größerer Aktivposten war als die Pferdebiographien von Pastor Jón von Vassdalshólum, und dies, obwohl zu diesem Werk, wenn es gekauft wurde, die Liebesgeschichte von Gudrun Trekkvindsdóttir, auf die wir hier jedoch nicht näher eingehen wollen, umsonst dreingegeben wurden. Stefans Wahlspruch ›Kaufen, kaufen, egal zu welchem Preis‹ bewährte sich auch dabei wie gewöhnlich, genauso wie die Theorie, alle Preise seit Caligula seien dauernd langsam gestiegen.

Diese Beispiele einer glücklichen Spekulation sind hier nicht als Argumente für oder gegen Stefan Torlákssons Vortrefflichkeit angeführt; derartige Überlegungen sollen dahingestellt bleiben. Als jedoch nach seinem Tod sein Testament verlesen wurde, wurden sowohl der Schwarze Tod als auch Pastor Jónes Pferdebücher unter den soliden Posten seines Besitzes aufgeführt.

An diesem Punkt der Geschichte kann ich es nicht unterlassen, zu wiederholen, was früher schon gesagt wurde, daß nämlich niemand hier im Kirchspiel mit gutem Gewissen sagen konnte, man habe Stefan Torláksson während seines ganzen Lebens jemals ein christliches Wort aussprechen hören; ein Pfarrer hat dem Unterzeichneten anvertraut, daß dieser Stefan wahrscheinlich so wenig geglaubt habe wie Konstantin der Große, der aber doch nachweislich das Christentum vor dem totalen

Ruin rettete. Auf jeden Fall dürfte es zum gegenwärtigen Zeitpunkt übertrieben sein, Stefan Torláksson zu den großen Glaubenshelden in der Geschichte des Mosfellskirchspiels zu rechnen. Doch bot er diesem Kirchspiel, in Silber und Gold gemessen, eine solidere Stütze als die meisten unserer heiligen Männer zu leisten imstande waren, sei es mit stummer Andacht oder mit lautem Kirchengesang oder mit allzu langen Predigten. Dieser Stefan Torláksson verfügte also in seinem Testament, daß sein nachgelassenes Vermögen, das alles andere als klein war, dazu verwendet werden solle, eine große und gute Kirche in Mosfell im Mosfellsdal auf den Ruinen der ehemaligen Kirche zu erstellen, der Kirche, die das Haupt Egil Skallagrimssons birgt.

Nachwort

Am 4. April 1965, als die neue Mosfellskirche, das Geschenk Stefan Torláksons, eine der schönsten und am besten ausgestatteten Kirchen, die man auf Island findet, eingeweiht wurde, strömte es nur so herein mit prächtigen Geschenken. Die meisten dieser Geschenke für die neue Kirche stammten von den reichen Geschlechtern des Kirchspiels, den Nachkommen jener Menschen, die ehemals mit angesehen hatten, wie ihre alte Kirche droben auf der Höhe, auf die sie vertraut hatten, dem Erdboden gleichgemacht wurde. Jetzt freute sich eine neue Generation über die Kirche ihrer Vorfahren, die sich wieder auf demselben Platz wie ehedem erhob, oder richtiger gesagt, die von dem ›berühmten Acker‹ wieder herabgestiegen war, wo sie eine Zeitlang über dem Mosfellsdal gethront hatte, betreut von Gudrun Jónsdóttir drei seligen wiederkäuenden Lämmlein.

Unter diesen Geschenken waren viele Kostbarkeiten, etliche waren aus edlem Metall, darunter vortreffliche Kunstwerke; da waren unter anderem Kronleuchter und Wandleuchter, Blumenvasen und Gemälde; des weiteren Meßgewänder und Altardecken; ein prächtiges Taufbekken aus Silber auf einer Säule.

Im Innern der Kirche sind die Wände und der Boden aus

schmuck verarbeiteten teuren Hölzern, und die Stühle sind alle weich gepolstert. Unsichtbare Wärmeleitungen in Wänden und Böden. Die Glocken läuten ohne einen Glöckner; man braucht nur auf einen Knopf zu drücken, dann läuten sie entweder sofort, oder aber man kann sie im voraus auf einen näher bezeichneten Zeitpunkt einstellen, da eine Uhr in dem Glockenmechanismus eingebaut ist.

Man hat jetzt auf den Knopf gedrückt. Die Sonne scheint auf die Dächer der vielfarbigen Autos, die in dichten Reihen rund um das Gotteshaus stehen, auf dem ganzen Weg über den Hofplatz hin und in das Feld hinaus. Sie scheint aber gleichzeitig auch durch das Fenster der Mosfellskirche herein, so wie sie es auch in vergangenen Zeiten getan hat, damals, als es noch keine Autos gab und noch keine Arbeit schwer war und noch niemand wußte, was das Wort Anstrengung bedeutet. Da es nach dem Kalender ein Sommermonat ist, und obwohl Sommermonate überwiegend nur Bedeutung für die Schafe und deren Weide haben, so wagt es doch der Brachvogel Goldregenpfeifer, von der Kirchenschlucht herab schüchtern, aber hoffnungsvoll zu trillern, der Vogel, der seinerzeit neben Ólaf von Hrísbrú herlief, als er mit der Glocke im Arm über diesen Sturz ritt.

Es darf auch keinesfalls versäumt werden, zu erwähnen, daß die alte Glocke, über die früher berichtet wurde, gestern zurückkam, um für immer zu bleiben. Der alte Ingimund, Hofbesitzer auf Hrísbrú, der Schwiegersohn eines der alten Hrísbrúkämpen, lieferte sie am Abend vor der Einweihung auf eine ungefähr ebenso selbstverständliche Weise ab, wie man das Pfarrlamm nach dem Mästen abliefert.

Es ist eine Kronenglocke, die so genannt wird, weil der Bügel, der solche Glocken mit dem Querbalken verbindet, mit kräftigen kupfernen Schlingen am Glockenkopf befestigt ist und eine sechsarmige Krone bildet. Diese Glocke, die hier beschrieben wird, hat eine schmucke Form, ist aber grob gearbeitet und fühlt sich rauh an; weder der Klöppel noch die Krone sind gegossen, sondern sie sind eine einfache und nicht ganz akkurate Schmiedearbeit; zwei Zierränder, die oben und unten ziemlich schief um die Ausbuchtung laufen, sind freihändig und nach dem Augenmaß geprägt worden. Die Zeit liegt weit zurück, da solche primitiven Arbeitsmethoden in den Ländern die Regel waren, von wo die Isländer ihre Kirchenglocken bezogen. Es wäre interessant zu wissen, wo derartige Glocken schon vor A.D. 1000 gegossen wurden. Vielleicht ist die Glocke sogar so alt, daß es, als sie wieder aufgehängt wurde, gar nicht zum ersten Mal gewesen war, daß sie generationenlang in Mist und Jauche gelegen hatte, und deshalb auch nicht das erste Mal, daß eine andere Welt mit anderen Heiligen und einem anderen Glauben an die Macht gekommen war. Die Glocke wurde im Chor dieser neuen Kirche aufgehängt, links vom Altar. Es gibt keinen Zweifel darüber, daß diese Glocke einen Klang aus alter Zeit wieder erweckt. Der Pfarrer sagte, er wolle sie selbst bei Kindstaufen läuten, weil ihr Klang so schön sei, besonders beim Ausklingen. Es ist eine kleine Glocke: äußere Höhe 34 cm, Durchmesser 24 cm. Sie hat einen langanhaltenden und klaren Ton, der vibrierend verklingt.

Ein silberner Kelch steht auf dem Altar. Es ist ein gut geschmiedetes Stück Silberarbeit, Höhe 18,5 cm, Durchmesser des Bechers 11,5 cm, Durchmesser des Fußes 13 cm. In der Mitte des Stieles umgibt ein dickes Ornamentband das Glied, an dem der Kelch zusammengeschraubt ist, und um dieses Band ist ein rundum mit Kerben versehener Ring gelötet. Die Form der Kerben, die einem dekorativen Zweck dienen, wird mitunter englisch ›frieze‹ genannt und besteht aus einer Reihe senkrechter Striche.

Der Unterzeichnete fragte den Pfarrer, wer diesen Kelch gestiftet habe, doch er konnte sich nicht mehr genau daran erinnern, wer ihn damals gebracht hatte, erinnert sich jedoch, daß ein näher bezeichneter älterer Hofbesitzer aus dem hiesigen Kirchspiel diesen Gegenstand unter dem nachgelassenen Gerümpel einer alten Frau gefunden hatte, die vom Kirchspiel ihren Unterhalt bezog und die 1936 im Alter von über achtzig Jahren gestorben war. Niemand hatte eine Ahnung, daß diese bettelarme alte Frau bis zu ihrem Tod auf Kleinodien saß; noch weniger, wie dieser Kelch in ihren Besitz gekommen war; am allerwenigsten, für wen sie ihn aufbewahrt hatte. Im übrigen war es jene Frau, die einmal gefragt hatte: Kann man jemals einem anderen denn sich selbst treu sein? Leute, die vor 35 Jahren schon alt waren, sagten, sie könnten in diesem Ding gut den alten Kelch der Mosfellskirche wiedererkennen. Ende dieses mirakulösen Buches.

Sommer 1970; teilweise in Rom 1963

Halldór Laxness
im Erker-Verlag, St.Gallen

Halldór Laxness
Kirchspielchronik (Roman)
deutsche Erstausgabe
121 S., 1976, Leinen, gebunden sFr./DM 24.50

Halldór Laxness in St.Gallen
Stefan Sonderegger: Rede auf Halldór Laxness
Halldór Laxness: Die Geschichte vom teuren Brot.
Einmalige limitierte Auflage von 500 numerierten Exemplaren.
Vorzugsausgabe: (Nr. 1–150) im Impressum von Halldór Laxness und Stefan Sonderegger signiert.
45 S., 4 Abb. sFr./DM 65.–

Halldór Laxness / Asger Jorn
Die Geschichte vom teuren Brot. 1972.
Handschriftlich lithografierter Text von Halldór Laxness, mit 5 farbigen Originallithografien von Asger Jorn; 195 Exemplare; 39 x 29,5 cm; Rives Bütten; jedem Band ist eine Schallplatte beigegeben, auf der Halldór Laxness seinen Text liest.
Nr. 1–30 Vorzugsausgabe, mit zusätzlicher Suite der Lithografien und zwei weiteren zur vorliegenden Erzählung geschaffenen Blättern. sFr./DM 9000.–

Nr. 31–195 Jedes Buch im Impressum vom Autor und vom Künstler signiert. sFr./DM 4500.–

Sprechplatte
Halldór Laxness: Sagan af braudinu dyra
(Die Geschichte vom teuren Brot); isländisch gelesen vom Autor; Ø 25 cm sFr./DM 20.–

Bitte verlangen Sie vollständige Verzeichnisse und Einzelprospekte über Bücher, Sprechplatten und Grafik aus unserer Edition.